MÉXICO, EL PAÍS QUE QUIERE PERO NO PUEDE

PABLO
TELLERÍA PEÑALBA

BARKER & JULES

BARKER & JULES

México, el país que quiere pero no puede

Edición: Barker and Jules™
Diseño de Portada: Barker & Jules Books™
Diseño de Interiores: María Elisa Almanza | Barker & Jules Books™

Primera edición - 2021

I.S.B.N. | 978-1-64789-641-6
I.S.B.N. eBook | 978-1-64789-642-3

BARKER & JULES, LLC
2248 Meridian Blvd. Ste. H, Minden, NV 89423
barkerandjules.com

A mi esposa Celina, y a mis hijos Sofía, Amaya, Pablo y Mayte que me acompañaron en esta historia.

Quiero agradecer en primer lugar a María Álvarez Domínguez que sin su ayuda y dedicación este libro no hubiera sido posible. Incontables la cantidad de veces que nos reunimos para conseguir corregir durante casi 1 año todo tipo de aspectos tales como redacción, dicción, ortografía e información. Contigo aprendí lo difícil que es escribir un libro y a valorar el trabajo de otros artistas. Gracias por tu cooperación que nunca olvidaré.

Gracias a mi esposa y 4 hijos que me impulsaron a escribir este libro con su apoyo, paciencia y consejos básicos. Ustedes son mi fuente de inspiración.

Quiero también agradecer a mi madre Lourdes que fue la impulsora en no ceder en el intento de escribir este libro. Cada vez que la veía me preguntaba del avance del libro lo que me obligó a no abdicar jamás en el intento de terminar.

Por último quiero agradecer a mis hermanos, sobrinos, y familia política, pero sobre todo a mi padre y hermano que desde el Cielo han de estar orgullosos de esta obra. Los quiero y los extraño todos los días de mi vida.

ÍNDICE

INTRODUCCIÓN

Podemos decir que México es el resultado de un Estado fallido. Pasa la historia, pasan los sucesos, pasan los diferentes gobiernos y el resultado es prácticamente el mismo: nada nuevo. Vivimos de un pasado que no tiene nada de esplendoroso, siempre pensando qué se hizo mal y deseando que el futuro nos depare cosas mejores. Somos el resultado de un pueblo conformista, de un pueblo sumiso y de gobiernos inoperantes; es decir, somos un país que se quedó en ese que quiso ser, pero no pudo.

Tenemos un paciente que se llama México, el cual no sabe qué enfermedad tiene y menos cómo curarse. Este enfermo necesita saber cuáles son las causas de su mal, para luego determinar el diagnóstico y, posteriormente, seguir un tratamiento.

A lo largo de la historia de México (y me remonto a la época de las primeras civilizaciones de las que hay registro) encontramos una serie de eventos que nos van marcando como nación y en la forma de ser gobernados. Con más de

3000 años de historia, seguimos sin poder superar viejos complejos que no nos permiten salir adelante para alcanzar el desarrollo y la modernidad que todos soñamos.

He vivido escuchando que pronto llegarán tiempos mejores, que las cosas van a cambiar. Vivimos con la ilusión del mexicano que piensa que todo se va a resolver solo y con el tiempo. Nada más falso que eso. Las cosas no se mueven por sí solas. El cambio nace de un análisis profundo del origen del problema y, a partir de ahí, se establecen las pautas para un cambio profundo.

México necesita saber exactamente cuáles son esas causas que no le permiten crecer como nación. Una vez identificadas, necesitamos establecer los ejes de solución para ver el cambio que todos queremos.

Son muchos los problemas que aquejan a México, pero quiero enlistar los más importantes a mi parecer, para después encontrar las soluciones que considero más viables.

Las soluciones que propongo van acompañadas de decisiones drásticas, difíciles de aprobar y con un alto costo político y económico. Son decisiones muy duras que provocarán fuertes críticas, pero sin ellas el cambio es imposible. Llevamos siglos pensando en las mejores soluciones y los resultados siguen siendo los mismos. México es un Estado fallido. Y lo seguirá siendo mientras no se tomen decisiones profundas y de raíz .

Dejemos de pensar como siempre lo hemos hecho y demos el paso para ser mejores ciudadanos. Olvidemos los costos políticos y pensemos qué es lo mejor para nuestra nación. Pensemos en el México de nuestros hijos y de nuestros nietos y veamos si queremos lo mismo para ellos o les deseamos algo mejor.

En la medida en la que todos cooperemos y pongamos lo mejor de cada uno, el cambio será impresionante. Imaginemos al México del mañana como un país desarrollado, con riqueza material y humana, digno de comparación con las grandes naciones del mundo. Si otros países pudieron salir adelante después de guerras y conflictos, por qué México no podría también conseguirlo.

En el transcurso de esta lectura te daré un diagnóstico y solución para conseguir el México que todos añoramos. He decidido dividirlo en 3 partes fundamentales.

La primera parte la he titulado ***Las causas que no permiten que México avance*** . En esta sección iré desglosando los aspectos más importantes que no permiten que México cambie. Hago un diagnóstico histórico de nuestra nación, así como un estudio del mexicano y del Gobierno como causantes de este estancamiento.

La segunda parte se titula ***El cáncer de México***. En ella hablaré del enfermo terminal cuya cura es muy complicada, pues tiene malas costumbres que no le permiten sanar. Hay que erradicar esos malos hábitos para que las cosas sean diferentes, pero decirlo es muy diferente a poder hacerlo.

La tercera y última parte se titula ***Ejes de solución***. En ella te diré, de una forma muy clara y sencilla, las medidas que se deben de tomar para conseguir el cambio. Estas medidas ni son fáciles, ni son populares, pero sí son efectivas. No analizaré aspectos técnicos, sino más bien prácticos, para que se puedan entender fácilmente. Te diré qué hacer, con la finalidad de que estos ejes nos den la solución de lo que México necesita.

México, el país que quiere pero no puede nos ayudará a comprender los problemas que vivimos y sus soluciones. Sin ser un especialista, comprenderás la esencia del libro y las soluciones que te planteo.

Los mexicanos estamos cansados de vivir siempre en la incertidumbre. Estamos hartos de padecer las mismas crisis una y otra vez. Los gobiernos nos prometen un país maravilloso, pero en la realidad las cosas nunca cambian.

El amor profundo por este país es la esperanza más importante que tenemos para salir adelante. Mientras no exista un amor real, incondicional y desinteresado por nuestra nación, no conseguiremos nada. En nuestras manos está ese cambio al que llamaré ***amor por México***.

Este libro está pensado en todos los mexicanos que, como yo, deseamos un México mejor. No queremos que nuestros hijos y nietos vivan el México de hoy. Ellos se merecen lo mejor y, lo que tenemos, está muy lejos de los ideales de muchos mexicanos. Espero con este libro lograr la apertura de conciencia de mucha gente, para que desde nuestras trincheras podamos conseguir el México de nuestros sueños.

1ª PARTE
LAS CAUSAS QUE NO PERMITEN QUE MÉXICO AVANCE

CAUSA 1 (ACTITUD)

a) HISTORIA DEL DOMINADOR

Cuando hablo de una causa que impide que México avance como país desarrollado, nos tenemos que remontar 3000 años en la Historia o incluso un poco más. Los olmecas fueron la primera civilización de la que se tiene registro en México. Los datos no son certeros en cuanto a la fecha, pero podemos afirmar que fue aproximadamente en el año 1000 a.C. Con el paso del tiempo se establecieron otras culturas, como los mayas, los aztecas, los zapotecas, los totonacas, los tlaxcaltecas y otras más. Todas ellas imprimieron su propio sello y nos marcaron para siempre.

Si pensamos cómo funcionaban esas culturas, vemos que en todas ellas había generalmente un gran cacique, el cual era visto como un dios. El pueblo, por su lado, era completamente sumiso a las órdenes de ese líder y, en caso de desobediencia, se tenía la certeza de que se podía morir. Es así como en todas y en cada una de estas culturas encontramos relatos de torturas, asesinatos y muertes espantosas.

En todos los casos existía un dominador y un dominado. Un dominador que influía a tal grado, que el pueblo solo obedecía sus órdenes sin cuestionar las cosas.

Esta figura del dominador se mantiene hoy en día. El pueblo mexicano siempre ha estado sumiso a las órdenes de un jefe, y lo más grave es que además, no tiene actitud. Los pueblos necesitan líderes, pero bajo ciertas normas y condiciones. Un gran líder se retroalimenta de su mismo pueblo que es quien lo engrandece. En el caso de México eso no ha sucedido todavía.

Ya en la época de la Conquista, con Hernán Cortés padecimos dicha situación. ¿Cómo 500 personas pudieron conquistar un pueblo de aproximadamente 16 millones? Queda claro que el dominador consiguió vencer a un pueblo que estaba acostumbrado a ser dominado.

En época de la Independencia y la Revolución todo siguió igual. Hubo personajes que tuvieron una gran influencia sobre el pueblo; sin embargo, este no cambió. Hoy en día las cosas no son muy diferentes porque la gente no ha tenido el carácter y la determinación para hacerlo. Quizás se deba a la ignorancia, quizás a la apatía, quizás al conformismo, pero pasan los siglos y las cosas no cambian. Habría que investigar si al mexicano le gusta ser dominado o si tiene que ver algo con sus propios genes.

En la actualidad vemos gobernantes que pasan sin pena ni gloria y, sin embargo, el pueblo ni se queja y lo permite todo. Creo que en el fondo somos un pueblo inocente y conformista.

La Historia tiene un peso muy grande en la forma de ser del mexicano que le impide avanzar. Tiene identificado el papel de víctima y se siente muy a gusto de esa forma. Somos un pueblo de costumbres, por lo que lo ve de una forma natural. No se cuestiona el ser utilizado todo el tiempo, sin darse cuenta de que de él depende que las cosas cambien. Sus líderes se sienten cómodos así, por lo que no hacen nada para cambiar. Es muy fácil gobernar un pueblo que no le cuestiona nada, por lo que su trabajo es muy cómodo y le permite hacer y deshacer a su antojo.

Al pueblo dominado le gusta vivir así. Está acostumbrado a vivir mal y a sufrir, porque así le gusta ser. Es lo que siempre le enseñaron y, es ahí, donde se siente más cómodo porque no conoce otra cosa. Prefiere vivir en la mediocridad que arriesgarse a algo diferente. Le tiene miedo al cambio, mucho miedo, y no le interesa otra cosa que no sea lo que ya conoce.

Existe un límite muy cercano entre el respeto y el miedo. Podemos ver cómo en zonas rurales los hijos le tienen un miedo terrible a sus padres porque confunden el respeto con el miedo. Esas personas que son educadas bajo el miedo tendrán la misma personalidad que sus padres, resultado de la herencia de sus antecesores. Como le sucede a todos los seres humanos, seremos de grandes lo que fuimos de pequeños. Si fuiste educado bajo ciertos principios, seguramente cuando seas mayor educarás bajo los mismos preceptos. Así mismo, cuando te educan bajo ciertos temores, seguramente inculcarás esos mismos miedos a tus hijos.

Se requiere que México cambie el esquema del dominador/dominado. Es una cuestión de actitud y de voluntad. Necesitamos ser más racionales y menos emocionales. Necesitamos ser firmes y, aunque haya momentos complicados, debemos de mostrar fortaleza ante las decisiones que debamos tomar. Hay que saber que existen reglas y que se deben respetar.

Somos un país con miedo. Tenemos miedo de los estadounidenses, tenemos miedo del mundo entero, tenemos miedo de nuestros gobernantes y tenemos miedo de la gente que nos rodea. De esa manera jamás podremos avanzar. Se debe hacer una reflexión profunda, para ver en qué hemos fallado y en qué forma podemos mejorar.

Quiero terminar con una frase de Ismael Rivera, escritor chileno, que retrata fielmente mis argumentos: "Los pueblos rebeldes caminan hacia la libertad; los pueblos sumisos marchan hacia la esclavitud".

¡Así que echemos el miedo a la espalda y salvemos a la patria!

b) RELACIÓN PADRE/HIJO

La situación de México la podemos definir como una relación entre padre e hijo, en la que el Gobierno es el padre y el pueblo es el hijo. Este hijo hace todo lo que le dice el padre, sin importarle si está bien o mal.

Un padre debe ser enérgico, maduro y jerárquico y, al mismo tiempo, comprensivo, atento, cooperativo y prudente; brindándole al hijo respeto, cariño y educación. Por otro lado, un hijo debe ser obediente, respetuoso y educado.

Pues bien, el mexicano siempre ha sido un hijo, pero jamás un padre. Nunca ha sabido ser padre porque no ha sido educado para serlo, y como hijo es muy malo porque ni es obediente ni es respetuoso. Es el niño maleducado en la escuela y maleducado en su casa. El mexicano en general jamás se comporta como un padre porque no tiene la madurez y no se comporta a la altura.

Un mexicano maduro sería aquel que respetara las leyes de su país, desde las más simples hasta las más complejas, que trabajara en beneficio de la sociedad, de su persona, pero también del país. Sería ese individuo que aportara a la sociedad, que saliera a votar, que pagara impuestos, que abonara a la riqueza de la nación, que participara en actividades culturales, que tuviera una labor humanitaria, que fomentara el crecimiento económico, y por lo tanto, que se preocupara por su comunidad. El mexicano maduro podría exigir honestidad a sus gobiernos en todos los ámbitos.

Esta relación del dominador/dominado se refleja también en la relación padre/hijo. De hecho podemos decir que es casi lo mismo, pues al final de cuentas denota una dependencia enfermiza uno del otro, sin cuestionamientos ni razonamientos. Nos gusta, por tradición, desempeñar el papel del sumiso, del castigado y del sufrido. El miedo al cambio nos da pavor porque es algo desconocido. Cuando nos sentimos a gusto en un lugar, procuramos no movernos de ahí, sin importar si estamos en el lugar equivocado. En una sociedad avanzada como la alemana, los cambios son pocos, porque no son necesarios. En México, tenemos una infinidad de necesidades que cubrir y, es por eso, que sorprende nuestro nivel de conformismo. Podemos decir que nos gusta vivir en la mediocridad y que no nos gusta luchar por algo diferente.

Países como Holanda tienen casi todas sus necesidades resueltas y sin embargo, siempre continúan haciendo mejoras. Trabajan para disminuir los niveles de contaminación ambiental, para producir energías limpias y todo lo necesario para innovar. Siempre se mantienen buscando lo mejor para su país. Es así como nosotros vemos a esos países, con el mismo respeto que le tiene un hijo a su padre. Nos gusta decir que "este es el país donde nos tocó vivir" y eso es muy triste y frustrante. Esa frase demuestra mucho de lo que somos.

Nada más claro que nuestra relación con los Estados Unidos. Esta es una relación padre/hijo muy triste porque dependemos de ellos y hacemos lo que ellos quieren. Necesitamos tener la dignidad para plantarnos de frente en igualdad de condiciones, pero para eso tenemos que hacer las cosas de diferente manera.

Te puedo decir que México es un país acomplejado. Tenemos todo para ser un gran país. ¿Qué sería de México si fuera gobernado por gente del primer mundo? Tenemos muchísimo petróleo, mientras países desarrollados no tienen nada. Tenemos costas que nos ofrecen lo que ellos no tienen. Nuestras playas y nuestro clima son fantásticos, mientras aquellos países carecen de ello. Tenemos minerales como el oro, la plata, el cobre y el litio. Tenemos muchísimo sol, muchísima agua, buenas tierras, bosques, ríos. Tenemos grandes ciudades y una gastronomía única. Sin embargo, mientras ellos son grandes potencias, nosotros seguimos hundidos en la mediocridad.

Entonces, ¿dónde está la diferencia? En su gente, solo en su gente. El activo más importante de cualquier país es su capital humano. Es ahí donde hemos fallado desde tiempos remotos. Los alemanes, por ejemplo, aprendieron a sobrevivir a dos guerras mundiales porque tienen una mentalidad ganadora. Lo traen en sus genes y por eso son tan grandes. Tenemos que entender que la gente es lo más importante para lograr ser una gran nación y para ello se necesita cambiar la forma de ser y de pensar. No es sino a base de sufrimiento, de preparación y de ideologías claras que lo podemos lograr. Necesitamos replantear los proyectos a largo plazo. Ser una comunidad que se respete entre sí, que cumpla con sus responsabilidades y ejerza sus derechos.

Quiero concluir diciendo que no hay países subdesarrollados, sino países mal gestionados.

c) LA IDIOSINCRASIA DEL MEXICANO

Cuando hablamos de actitud nos topamos con el problema más grande que tenemos: ***la idiosincrasia del mexicano***.

La idiosincrasia se define como una forma de pensar, sentir y actuar. Es el carácter propio y cultural que distingue a un individuo o colectividad.

Si te pido que definas la idiosincrasia de los japoneses, seguramente dirás que son introvertidos, serios, responsables y trabajadores. Si te pido que me definas a un brasileño, contestarás que es alegre, divertido, extrovertido y fiestero.

A un ruso lo consideramos serio, intimidante, reservado e introvertido. Ahora pensemos por qué es así. Recordemos que Rusia tiene un clima muy frío que los obliga a estar muchos meses encerrados en sus casas. Es un pueblo marcado por guerras muy sangrientas, lo cual también los caracteriza. Las distancias tan grandes entre sus ciudades es otro factor. Tienen una gastronomía típica y aman el vodka. Todas y cada una de estas características los marca y define en gran medida.

Cada país tiene su propia idiosincrasia, producto de muchos factores: su situación geográfica, su clima, su historia, sus productos, su cultura y otros aspectos.

En el caso de México, varios son los rasgos que lo definen, por ejemplo, el clima es muy diferente a lo largo de la república y marca diferencias entre la gente del norte y la del sur. Producimos alimentos variados como el chile, el maíz, el frijol y bebidas como el mezcal, el tequila, la cerveza y el pulque. Tenemos zonas montañosas, áridas, selváticas, boscosas, etcétera. Hay ciudades modernas y ciudades coloniales. Tenemos gobiernos de derecha, de centro y de izquierda claramente definidos. Todas estas características definen su esencia.

El mexicano se caracteriza por ser muy alegre, divertido, abierto y muy amiguero. Es extrovertido, ayudador y, sobre todo, muy fiestero. Somos la mejor afición en cada mundial de futbol y nos distinguimos, sin duda, de los demás. Somos los más divertidos y llenamos los estadios. Nos hacemos amigos de cualquiera y, después de un par de tequilas, somos todavía más amigables. Cuando ha habido desastres naturales hemos demostrado una solidaridad ejemplar. Ayudamos cuando se nos necesita. En fin, somos un gran ejemplo en muchas cosas.

Sin embargo, estos rasgos que te menciono, al mismo tiempo son nuestra mayor debilidad. Confundimos nuestras virtudes, porque estas están deformadas y mal orientadas. La vida es para disfrutarse y para divertirse; sin embargo, ese no es el fin. Es decir, como consecuencia de ser un pueblo trabajador y maduro, nos podemos dar el lujo de disfrutar la vida. Sin embargo, nos cuesta aceptar que no somos lo que podríamos ser, y por lo tanto buscamos, en esa felicidad ficticia, nuestra forma de vida. El mexicano basa su felicidad en la fiesta y vive para ella. Una persona es feliz porque termina su educación profesional, porque consigue un buen trabajo o crea una empresa, porque forma una familia o tiene buenos amigos y, como consecuencia, puede darse el lujo de festejarlo.

El mexicano siempre ha llevado una carga muy pesada: el complejo de inferioridad. Este ha tratado de ser explicado por muchos estudiosos, pero nadie ha sabido por qué realmente es nuestro rasgo más distintivo.

La cultura mexicana es el resultado tanto de la tradición indígena como de la cultura española impuesta por la colonización, y en menor grado, por la aportación de la cultura africana traída por los esclavos.

El mexicano es cerrado por naturaleza; es decir, no puede mostrarse vulnerable ante ninguna persona externa a su círculo social. Utiliza la mentira, la hipocresía y las apariencias como una máscara para mentir a los demás, con la finalidad de encajar en un círculo social y, al mismo tiempo, no mostrar los deseos y las carencias que tiene.

La consecuencia directa es la de un ser solitario e individualista que recela de sus capacidades, se abochorna de sus orígenes, tiene por costumbre disimular, mentir y reprimirse. Se coloca dos máscaras: la que muestra al mundo y la otra que es su yo auténtico, la cual no quiere que nadie conozca, por lo que prefiere fingir.

Una característica típica del mexicano y muy dañina es su humor y su amor por la fiesta. Pongo como ejemplo el ***Día de***

muertos por ser muy emblemático. Pasear por los cementerios viendo las tumbas llenas de flores de cempasúchil es un espectáculo muy bonito. Los desfiles por las calles con catrinas y alebrijes es algo único. Sin embargo, me resulta una paradoja festejar la muerte y no la vida.

Para explicarme mejor quiero poner el ejemplo de un joven austriaco. Sabemos que tiene una educación muy buena, habla 2 o 3 idiomas, sabe tocar instrumentos musicales, visita con frecuencia museos, asiste a conciertos de música y además viaja constantemente. Este joven ha logrado sus objetivos profesionales y personales. Es esa experiencia de vida la que marca la diferencia con aquel que no ha tenido la oportunidad de experimentarla.

El mexicano tiene una desventaja abismal porque ha vivido en la ignorancia. Le han hecho creer que su vida es lo más normal y que en ella encontrará la felicidad. Nada más falso que esto. Nuestra sociedad está sumida en la violencia y en casos de abuso a mujeres y niños. En educación, los resultados son muy malos. Solo un porcentaje muy pequeño termina la universidad. Pocos son los mexicanos bilingües o que leen un libro al año.

Según información del año 2018, el PIB per cápita de Austria fue de 51,462 dólares contra 9,672 de México. Una tasa de desempleo del 4.9 % contra un 60 % de México (considerando a los que se encuentran en la informalidad). Con acceso a internet un 87.7 % de los austriacos contra un 65 % de los mexicanos.

En el tema de la corrupción el ranking de percepción es de 29% en Austria contra un 77 % en nuestro país. La tasa de homicidios allá es de 1.0 y aquí es de 19.3; es decir, por cada 100 mil habitantes hay 1 homicidio en Austria y 19.3 en México. Estos números evidencian que nuestra situación es desastrosa y esto se debe, en gran medida, a la idiosincrasia de nuestra gente.

Nuestra sociedad está marcada por un estilo de vida equivocado al que ya se acostumbró. Cuando vemos a otras sociedades nos damos cuenta de la distancia tan grande que nos separa.

Nos encontramos en una encrucijada complicada de superar, porque es un tema de mentalidad, de educación y de aceptación de las cosas. Se puede hacer algo al respecto, pero el camino es doloroso y complicado. Cargamos en nuestras espaldas el peso del pasado y del presente que , mientras no cambie, no permitirá que México avance hacia un mejor futuro.

Así que nada mejor que una frase típica mexicana para terminar este capítulo, pidiendo que no perdamos más tiempo y que aprovechemos el momento para hacer las cosas ya y sin demora: "A darle que es mole de olla".

d) IDIOSINCRASIA DEL GOBIERNO MEXICANO

La idiosincrasia del Gobierno mexicano es una copia de la idiosincrasia de la gente. Cuando vemos a nuestras autoridades observamos que son personajes timoratos, indecisos, débiles, serviles, vengativos y peligrosos como un león.

Siempre hemos vivido a la sombra de los grandes países, mismos que han hecho de nosotros lo que han querido. Nos mostramos ante ellos como una nación débil y blanda, pero aunque seamos una nación más pobre, no significa que seamos inferiores. Nuestra soberanía nacional ha sido pisoteada una y mil veces por los países desarrollados. Hemos adoptado una posición sumisa ante ellos, pero en el fondo somos el resultado de una sociedad históricamente entregada a los demás. No olvidemos que así nos educaron, así hemos visto las cosas siempre y así nos sentimos a gusto.

Hablo de un Gobierno vengativo y peligroso como un león porque así es como se ha comportado. Solo hay que ver la actitud de nuestras autoridades para darnos cuenta de que su comportamiento arrogante resulta intimidante. Ante países inferiores nos sentimos todopoderosos y soberbios. El Gobierno, a través de los siglos, se ha comportado de una manera déspota con sus gobernados. Muchos gobernantes provienen de estratos humildes pero, una vez en el poder, se vuelven prepotentes y soberbios. Entonces se da uno cuenta cómo el poder corrompe las almas. Ya sabemos que el ser humano se comporta de una forma cuando está abajo y de otra muy distinta cuando está arriba. ¿Y qué hace un león enfurecido cuando tiene hambre? Sigilosamente espera el tiempo necesario hasta que encuentra la oportunidad para ir por su presa. El gobernante se comporta exactamente igual, espera el momento indicado para lanzarse y normalmente escoge al más débil. Así sucede con nosotros, el pueblo, somos el eslabón más débil con el cual van a lucrar. Como nación nos merecemos respeto, como también nosotros debemos respetar a aquellos que vemos como inferiores.

La tradición liberal busca limitar el poder político mediante varias estrategias. Una de ellas es garantizar un conjunto de derechos a la ciudadanía, cuya protección no dependa de la voluntad o interés del gobierno en turno. Dichos derechos nos garantizan la libertad de expresión y de culto. También garantiza derechos económicos, sociales y culturales que proporcionan el bienestar común. Esto nos lleva a un estado ideal de libertad, para que cada uno de nosotros podamos hacer lo que más nos convenga. Sin embargo, mientras no exista ese cambio de ideología, el destino nos llevará a tener gobiernos siempre incompetentes.

Como lo señala Philip Petit, politólogo irlandés: "Aún cuando los gobernantes sean sabios, cabe la posibilidad de que interfieran más de lo deseable en decisiones que solo las personas debemos decidir individualmente".

Los gobiernos siempre han interferido de una manera poco objetiva, causando un daño terrible a la población. No olvidemos que sus mandatos son temporales, mientras que el pueblo estará ahí por siempre. La auténtica democracia debería mantener el sano equilibrio entre uno y otro; sin embargo, los rasgos de carácter y personalidad son los que interfieren de una manera dañina en la democracia de nuestro país. Los gobiernos de este tipo han sufrido en exceso las consecuencias de una relación paternalista entre el gobernante y el gobernado. Necesitamos un Estado de Derecho consolidado y una soberanía que venza todo tipo de ideologías y mandatos; sin embargo, la forma de ser de nuestros gobiernos no permiten que sea posible.

Por lo tanto, lo ideal sería separar estos dos conceptos: Estado y Gobierno. El Estado es un concepto político que se refiere a una forma de organización social, económica y política que tiene el poder de regular la vida nacional, mientras que el Gobierno se refiere a las autoridades que lo dirigen y administran. Por lo tanto, sin importar la idiosincrasia de las personas en el gobierno, al tener separados ambos conceptos, la democracia y soberanía estarían garantizadas.

Una cosa es el dicho y otra, los hechos. ¡Mientras tanto, a esperar sentados un milagro!

e) POBREZA DE PENSAMIENTO

"La gente no es pobre por cómo vive, es pobre por cómo piensa".

La pobreza es una situación en la cual no es posible satisfacer las necesidades físicas y psicológicas básicas de una persona, por falta de recursos como la alimentación, la vivienda, la educación y la asistencia sanitaria.

Más allá de la definición de pobreza, nos encontramos con la pobreza de pensamiento, que es igual de importante que la otra. Esta corresponde a la forma en que cada persona interpreta su propia vida. Tú puedes ser pobre, pero tener una mente rica. Sabes qué se necesita para salir adelante y lo ejecutas en el tiempo. Aprendes a ver lo bueno y lo malo de la vida y, una vez que lo has analizado, llevas a cabo el mejor plan posible para salir adelante. Por otro lado, nos encontramos con una persona rica, pero con pensamiento pobre. Este personaje tiene su vida económicamente resuelta, pero no sabe cómo interpretarla.

Pensemos en dos futbolistas profesionales que provienen de una clase social muy baja. Estos individuos carecen de recursos económicos, pero tienen un talento innato para jugar futbol. Uno de ellos tiene una mentalidad muy rica y el otro, una mentalidad muy pobre. ¿Qué crees que suceda con los dos muchachos?

El chico con una mentalidad positiva no dejó sus estudios porque sabe que la carrera de un futbolista es muy corta. Dada sus grandes cualidades le va bastante bien. Paralelamente termina su carrera. No llega a ser una estrella, pero gana los recursos necesarios que le permitirán hacerse de un patrimonio. Al cabo de un tiempo se retira, pero su formación académica y su disciplina le permiten abrir un negocio del cual vive el resto de sus días.

El muchacho con mentalidad pobre deja los estudios para dedicarse únicamente al futbol. A diferencia del otro chico, este sobresale y llega a ser una estrella. Sin embargo, una fuerte lesión lo deja imposibilitado para seguir con su profesión. Al paso del tiempo acaba abandonando el equipo y gastándose los ahorros que tenía. Hoy en día vive en la pobreza.

Este ejemplo nos enseña la diferencia de actitud. Mientras uno se preparó para un sinfín de cosas, el otro apostó a su única fortaleza. La mentalidad de cada uno de ellos los marcó posteriormente en su vida. Mientras uno tuvo un pensamiento positivo y de actitud ganadora, el otro simplemente se dejó llevar ante los acontecimientios.

Cuando te digo que eres rico, no me refiero únicamente a que tengas mucho dinero, me refiero a que eres rico en todos los aspectos de tu vida. Se puede ser pobre económicamente, pero rico como persona. Cuánta gente no conocemos que vive humildemente, pero son felices porque saben valorar lo que tienen. Valoran la familia, la moral, su trabajo, sus amigos, su salud, su tiempo y su vida.

Por otro lado está el rico que vive pobremente, porque tendrá mucho dinero, pero su vida es un desastre. Tendrá un gran capital, pero su vida está sumida en vicios y egoísmos.

Lo que quiero dar a entender es que la riqueza de pensamiento es distinta de la riqueza material. Los seres humanos tenemos la capacidad de decidir si queremos ser ricos o pobres en todos los aspectos.

La mente pobre niega que su escasez sea un problema; es más, alaba su forma de vivir apoyada por conceptos religiosos e ideologías populistas, cuyos líderes necesitan de ellos para con el discurso de su salvación, llegar al poder político y económico.

Muchos mexicanos son pobres de pensamiento y no pueden ver más allá de sus limitaciones. Siempre están a la espera de que alguien más los venga a salvar. No se dan cuenta o más bien no quieren salir de allí, porque es más cómodo, más fácil, más sencillo. Esperan que les den todo servido y que "papá gobierno" los salve. Siguen a líderes populistas a cambio de alguna migaja. Son envidiosos porque prefieren que todos sean pobres como ellos, en vez de ricos como otros. Siempre culpan a la mala suerte de su situación, pero nunca hacen nada para cambiarla.

Al pobre de mente le encanta criticar porque tiene su autoestima por el suelo y así se siente superior. ¡Qué gran equivocación! Mientras más critica, menos ve sus propios defectos y no hace nada por cambiarlos. Es aquel que se la vive mirando hacia atrás y no se da cuenta del camino enorme que le falta recorrer. Vive anclado en el pasado porque piensa que fue mejor y no hace nada por luchar y cambiar las cosas.

Al pobre de mente le encanta quejarse, pero no hace nada para cambiar. Le fascina culpar a los demás y ser la víctima. Cuando hablas con él, sus temas siempre son negativos. Todo lo ve negro y todo mundo está en su contra. Se vuelve una persona completamente tóxica que lo único que busca es la compasión. Pospone siempre las cosas para más adelante porque tiene miedo de lo que pueda suceder. Por eso prefiere vivir un pasado triste y pobre y no se atreve a luchar por un futuro mejor. Se la pasa diciendo que todo cambiará más adelante y que lo mejor es esperar, pero sin hacer nada al respecto.

El pobre de mente es realista porque es consciente de su desdicha y se cree víctima de todo. Siempre está esperando el mejor momento y así se la vive sin hacer nunca nada. Es el hombre del mañana. No se arriesga a intentarlo y tiene pavor a equivocarse. Siempre busca la aprobación de los demás, sin darse cuenta que la satisfacción está dentro de uno mismo. Espera que las cosas las haga otro. Es conformista, se sienta en su lugar de confort y de ahí no se mueve. No le interesa ni el crecimiento propio ni el de los demás. Siempre es la víctima de todos los males: del abuso de los ricos, de los empresarios, de los gobiernos, de las personas de su alrededor. Piensa que tiene derecho a todo, como los servicios de salud y educación gratuitas. Cree que puede insultar a todo mundo, pero nunca da nada a cambio.

Los políticos que fomentan la pobreza te persuaden de que la sociedad tiene que pagarte todo por ser pobre, sin que tú hayas hecho nada para mejorarla.

El mundo no te debe nada, eres tú quien debe esforzarse para hacerlo mejor. Si naces pobre, la culpa no es tuya, si mueres pobre sí que lo será. Y mucho peor será si vives con esa creencia y la heredas a tus hijos.

CAUSA 2 (GOBIERNO)

a) GOBERNAR - NO ADMINISTRAR

Siempre he pensado que los gobiernos quieren ser empresarios y el resultado ha sido desastroso. Nada más hay que ver a PEMEX, una empresa que nos debería de haber posicionado como uno de los países más ricos del mundo.

¡Qué decir de un país como Venezuela, con las reservas de petróleo más grandes del mundo! ¿De qué le han servido? Hoy por hoy es el país más pobre de América Latina y uno de los más pobres a nivel mundial.

¿Qué opinas de empresas como la Comisión Federal de Electricidad? ¡Es un auténtico desastre! Pasan años, lustros y décadas y esta compañía sigue con un pésimo servicio.

Así como estas grandes empresas gubernamentales, tenemos otras de menor tamaño, pero igual de ineficientes: el servicio de agua, la recolección de basura, la verificación vehicular, etc. ¿Cuál es el común denominador de todas ellas? Que son administradas por el Gobierno y están pésimamente mal operadas. ¡Ni son eficientes, ni son baratas y, lo peor, es que todas tienen pérdidas enormes!

Acordémonos de la empresa TELMEX, privatizada en tiempos del presidente Carlos Salinas de Gortari. Era en su momento un gigante en telecomunicaciones, pero como empresa gubernamental era completamente ineficiente. Contratar una línea telefónica requería de varios meses. La gente conseguía ayuda para acortar el tiempo de instalación. El servicio era malísimo, lento y además muy caro. Pero era lo que había y nos teníamos que conformar con ello. Como la gran mayoría de las empresas del Gobierno, siempre tenía pérdidas. Sin embargo, esta empresa tuvo un giro radical cuando se privatizó. Te voy a decir qué ha pasado en esa empresa desde entonces.

- Tiene un servicio excelente. En el transcurso de dos o tres días tienes instalada tu línea telefónica
- Emplea a miles de trabajadores y paga muchos impuestos
- Tiene utilidades y por lo tanto, paga impuestos como el ISR y el PTU
- Al ser una empresa privada, compite con otras compañías, mejorando los precios a sus consumidores
- Los competidores también generan empleos, utilidades, impuestos

Después de estos puntos nos queda claro que la mejor solución fue privatizar la compañía, pues todos ganan. Gana el Gobierno, gana la empresa y gana la gente.

Por todo lo que acabo de comentar es por lo que me atrevo a decir que el Gobierno está para gobernar, no para administrar. Es un pésimo empresario. No sabe hacer negocios, nunca ha sabido hacerlos, ni va a saber hacerlos nunca. Y no los sabe hacer, entre muchas cosas, porque su finalidad no es generar utilidades. Pero además no lo corresponde ese papel. El Gobierno debe propiciar las condiciones necesarias para que las empresas generen la riqueza que el país necesita.

El Gobierno no tiene por qué estar haciendo negocios. Pongo el ejemplo de la recolección de basura. En España, ciudades como Madrid, tienen un servicio privado el cual es ejemplo a nivel mundial. Genera empleos, funciona muy bien y está libre de corrupción.

¿Por qué el Gobierno se encarga de administrar PEMEX, CFE, servicio de agua y basura, etcétera, en vez de dejar que lo haga la iniciativa privada? La respuesta se llama ***corrupción***. Los gobiernos no ceden los negocios porque lucran con ellos. Utilizan estas empresas para robar y enriquecerse.

Quitémonos ya la idea de que el Gobierno es el "papá gobierno" que todo lo sabe, todo lo hace y todo se le perdona. Ni sabe lo que hace, ni lo hace bien y nada se le debería de perdonar porque es nuestro dinero el que está en juego y a ninguno de nosotros nos gusta perderlo.

¿Por qué no se vende la CFE para que gane dinero y de paso nos permita que haya inversiones en plantas eólicas y solares? Imaginemos que PEMEX fuera administrada por empresas privadas para que tuviera utilidades. Necesitamos terminar con la figura paternalista de los gobiernos, para permitir que sean las empresas privadas las que se hagan cargo.

El Gobierno está para generar las condiciones necesarias para que las empresas ganen mucho dinero en beneficio de la gente. En la medida en que la iniciativa privada gane más, los beneficios también se verán reflejados en una mayor recaudación fiscal. El Gobierno está para darnos una buena educación como la de Finlandia, buenos hospitales como los de Dinamarca y buena seguridad como la de Suecia. No se debe seguir engañando a la gente con falsas promesas. Tenemos que entender cuál es el papel que debe desempeñar la autoridad en este país, para que deje de administrar negocios y atienda lo que sí le corresponde. Como dice el dicho: "El que mucho abarca, poco aprieta".

b) FRACASOS EMPRESARIALES DEL GOBIERNO

Sobra decir que los gobiernos, en cualquier parte del mundo, tienen como objetivo principal brindar las condiciones ideales para el buen vivir de su población. Esta definición da mucho de qué hablar, pues algunos, más allá de esas funciones, han querido adoptar el papel de empresarios, lo que ha llevado a varios países a la quiebra.

El Gobierno de México, particularmente ha querido participar como empresario y sus resultados han sido malísimos. Cuando digo malísimos, no quiero decir que hayan tenido fracasos, quiero decir que han llevado a la quiebra a México.

Quiero volver a tocar el ejemplo de PEMEX. Todos sabemos que esta empresa gubernamental ha sido un estandarte ante el mundo durante décadas. Gracias a la madre naturaleza, que le ha dado tanto a México, hemos tenido una gran cantidad de petróleo. Las reservas encontradas nos dieron la ilusión de que este país pasaría a ser una gran potencia. Y efectivamente así hubiera sido, si el Gobierno no hubiese intervenido.

Durante décadas, esos yacimientos le dieron a México la ilusión de ser un país rico; sin embargo, su pésima organización condujo al fracaso actual. Otros gobiernos han tenido éxito participando en negocios, pero el mexicano, no. Y no sabe cómo hacerlo por diversas razones. En primer lugar, porque los proyectos de un gobierno son a muy corto plazo. Es muy difícil hacer una planeación cuando se cuenta con un período limitado de 6 años. En segundo lugar está la fuerte corrupción que hay dentro de la compañía. De esta se han servido una cantidad inmensa de funcionarios para crear grandes fortunas. También ha servido para financiar campañas electorales y un sinfín de negocios turbulentos. En tercer lugar, la empresa siempre ha sido administrada por funcionarios y no por especialistas en la materia. Así pues, la historia de PEMEX siempre ha estado envuelta en el suspenso y en la corrupción.

En los últimos años la situación ha ido a peor. Por un lado, los precios del petróleo han disminuido significativamente, debido al exceso de oferta y a la disminución de la demanda en todo el mundo. Las nuevas energías limpias y renovables han provocado una disminución en la demanda del oro negro. Los yacimientos han ido perdiendo su capacidad y la producción cada vez es menor. El mantenimiento a sus instalaciones ha sido deficiente, provocando que los costos de producción sean más elevados.

El panorama es muy complicado. PEMEX está en manos de la gente equivocada. En otras partes del mundo las compañías petroleras son privadas y les reditúan a sus gobiernos muchas utilidades. Utilizan esquemas mixtos donde ganan todos. Y aquí es donde nos cuestionamos por qué nosotros no hacemos lo mismo. Si se hizo con TELMEX, con PEMEX debería ser parecido.

Solo en el año 2020, las pérdidas acumuladas de PEMEX en los primeros 6 meses fueron de más de 606 mil millones de pesos. ¡Una cifra histórica¡ Con estos resultados deberíamos estar dispuestos a hacer algo para cambiar.

Tenemos el ejemplo de la CFE, otro fracaso administrativo. La frustración nos lleva a quedarnos con los brazos cruzados sin exigir una explicación. En cualquier empresa, el Consejo de Administración debe dar resultados a sus accionistas. Perdemos millones y somos incapaces de exigir un cambio. Estamos ante la gran desgracia de México que nos abandona en la soledad porque no hay forma de que nuestras voces tengan eco. No hay un plan, no hay un proyecto de nación, nunca lo ha habido y dudo que lo haya porque el pueblo jamás es tomado en cuenta.

Imagina que tú fueras el dueño de una empresa dedicada precisamente a la industria petroquímica y tu director general se jubilara y tuvieras que contratar a un nuevo directivo. Al analizar los curriculums tienes dos opciones. La primera es un ingeniero químico egresado de Harvard, con una experiencia de 25 años en el ramo, con los mejores reconocimientos a nivel mundial. La segunda es un ingeniero agrónomo sin experiencia en la materia. ¿Cuál es el candidato que tú elegirías? Supongo que el egresado de Harvard, sin duda alguna. Bueno, pues en México pasa totalmente lo contrario, se escoge al ingeniero agrónomo. ¡Sí, así de triste es la realidad! Y me pregunto, qué se puede hacer ante eso. Tenemos que pasar de espectadores a participantes.

Así pues, la historia se repite cada vez que el Gobierno participa en las empresas ***productivas*** del Estado. El Gobierno debería de centrarse en operar las Secretarías y Organismos que hacen que la vida del mexicano sea la mejor. Entiendo la participación del Gobierno en el ramo de la educación, de la salud, de la seguridad y de la economía, pero no más allá de eso.

Tenemos un Gobierno demasiado grande, que no puede hacer todo y además, no debe hacerlo. En la medida en la que esta situación cambiara, los resultados serían mucho mejores, pero dada la concepción actual, esto resulta casi imposible. Por lo tanto, esperar y sortear el huracán dependerá de cómo lo decidan los de arriba.

c) EL TAMAÑO DEL GOBIERNO

Nos encontramos ante un monstruo que se llama Gobierno. Se calcula que aproximadamente hay 6 millones de trabajadores, con un costo promedio anual de 1 billón 291 mil 985 millones 500 mil pesos, según cifras oficiales. Es una burocracia con demasiada gente, que además ha ido en aumento conforme pasan los sexenios. La relación entre el número de habitantes y funcionarios en el Gobierno es altísima.

He comentado la mala gestión empresarial que realiza el Gobierno. Se ha comprobado que no funciona y, tanto es así, que solamente en PEMEX trabajan aproximadamente 125,000 empleados. ¡Imagínate el costo que esto representa!

Según lo publica el diario ***El Economista***, en comparación con otras grandes petroleras del orbe, la mexicana tiene una baja productividad por cada trabajador. Por ejemplo, podemos decir que la holandesa ***Shell*** emplea a 83,000 personas y tiene ingresos por 331,870 millones de dólares, lo cual le da un rendimiento por trabajador de 3,099 millones, mientras PEMEX tiene un rendimiento de 516 millones; es decir, es 6 veces menos eficiente que la holandesa. En términos generales, se puede decir que la mexicana es la empresa menos eficiente en el mundo, únicamente por detrás de Venezuela. Solo mencionarlo causa miedo e irritación. Con un Gobierno tan grande es imposible que las cosas caminen rápidamente. Todos sabemos que las empresas muy grandes y burocráticas llevan a cabo procesos muy lentos.

Tanto el análisis teórico como el empírico indican que la expansión del gobierno más allá de su tamaño óptimo, afecta negativamente a la sociedad y a la economía. Primero, porque los altos impuestos necesarios para mantener a un gobierno grande afectan tanto a la economía como al comportamiento de la gente. Segundo, el gobierno grande aumenta la proporción de la economía que funciona bajo la ineficiencia inherente al sector público.

La expansión exagerada del Gobierno conlleva a una reducción del crecimiento económico. Diversos estudios sitúan el tamaño óptimo en alrededor del 20 por ciento del Producto Interno Bruto. Con ello se busca reducir la deuda pública y controlar los gastos, para así promover el crecimiento económico y por lo tanto el nivel de vida de la ciudadanía. Dicho de una forma más sencilla, el Gobierno tendría que empezar por hacer un análisis profundo de las necesidades que tiene en cada área. Una vez realizado, se deben hacer los ajustes del personal en el tiempo más corto posible y al costo más económico. De esta forma se conseguiría la optimización en todas las áreas.

Hay áreas que podrían fusionarse, otras que podrían cerrarse y otras que podrían ser concesionadas. Utilizar la fuerza laboral externa para cierto tipo de trabajos y, al mismo tiempo, la suspensión de esta cuando no se requiere, es una forma de que se gaste menos. En el Gobierno es muy común encontrarte con puestos de trabajo que podrían ser temporales o subcontratados a terceros y, sin embargo, siguen siendo realizados de manera directa por personas que están en la nómina y a las que hay que pagar mes con mes.

Hay trabajos eventuales para los que se podría utilizar personal externo y así ahorrar en gastos. Pensemos por ejemplo en algunos trabajos eventuales de informática. Lo ideal es que sean realizados por un externo para que, una vez finalizado el trabajo, se pague y se dé por terminado.

El presupuesto que se aprueba cada año debería basarse en un estudio mucho más amplio sobre el número de trabajadores gubernamentales. Sería responsabilidad de cada Secretaría y de cada Organismo gubernamental enviar un análisis y, a partir de ahí, autorizar el presupuesto para la carga laboral.

En definitiva, en las sociedades avanzadas, la existencia de un sector público es absolutamente imprescindible para garantizar la prosperidad económica. La idea de que los trabajadores públicos no añaden valor y, por lo tanto, son unos mantenidos, es un grave error.

En conclusión, puedo decir que el tamaño del Estado no parece tener una relación directa y unívoca con el crecimiento económico, sino que se influyen mutuamente y que dicha relación depende en gran medida del contexto histórico e institucional en el que se produce. El impacto en el crecimiento de su estructura depende también de la composición del gasto público y su impacto en la economía. Podemos decir que un gobierno grande se justifica siempre y cuando sus beneficios también lo sean. En el caso mexicano no se da esa dualidad, por lo que el problema es una más de las causas de que México no avance a la velocidad que todos quisiéramos.

d) SINDICATOS

Los sindicatos en México están reconocidos por la Constitución Política desde 1917. Según el artículo 123, los obreros tendrán derecho para unirse en sindicatos en la defensa de sus intereses. Todos deben registrarse en la Secretaría del Trabajo y Previsión Social o en una Junta de Conciliación y Arbitraje.

En 2020 teníamos 2962 sindicatos, 558 federaciones, 48 confederaciones o centrales obreras y 11 agrupaciones. Estos datos mencionados nos dan la dimensión tan importante que el papel de los sindicatos tienen en la vida política, social y económica del país.

El concepto de sindicato, por naturaleza es muy bueno, pues busca defender los derechos de los trabajadores ante sus empleadores. Gracias a esto, el equilibrio entre ambas partes se desarrolla dentro de la cordialidad y la justicia.

El problema, sin embargo, surge cuando hay abusos por parte de los sindicatos. Es tal el poder que han acumulado con el paso de los años, que su influencia en las decisiones de los gobiernos llega a ser fundamental. Pongo como ejemplo al Sindicato de Maestros de la Educación. Este sindicato incluye al personal docente y al personal de apoyo y asistencia a la educación. Es actualmente uno de los sindicatos magisteriales más grandes del mundo, y sin duda, el más grande de América Latina. Se fundó hace más de 76 años y cuenta con la impresionante cantidad de 1,620,000 afiliados aproximadamente.

Cuando tienes un sindicato de esta naturaleza, la fuerza que adquiere interfiere en muchas operaciones del Gobierno al grado de ser un estorbo en vez de una ayuda. En el tema electoral juega un rol fundamental por la gran cantidad de votos que puede sufragar. Quiero mencionarte algunos casos donde los sindicatos juegan un papel fundamental en las decisiones del Gobierno.

Uno de los más recientes tiene que ver con la Reforma Educativa que se dio en tiempos del presidente Enrique Peña Nieto. En ella se mencionaba que se debía presentar, entre otras cosas, un examen de conocimientos para saber si la plaza era otorgada o no a un determinado maestro. Este tipo de reforma hizo que el sindicato bloqueara por mucho tiempo su implementación. Finalmente se aprobó; sin embargo, ya en la administración del presidente López Obrador, nuevamente se declinó.

La presión del grupo magisterial representa un poder político muy importante. Recordemos que estos grupos sindicales siempre han apoyado a los partidos del Gobierno y, no se nos olvide que representan una garantía de voto electoral impresionante. ¡Solo pensemos lo que 1.6 millones de afiliados pueden repercutir en una elección presidencial¡ Y es así como se genera el daño a la democracia en detrimento del país.

Un gobierno necesita independencia para poder ser libre y democrático. En la política es difícil que eso se dé porque el poder normalmente se logra pactando con las diferentes fuerzas políticas.

Es común identificar a determinados sindicatos con un partido político; sin embargo, sea el partido que sea en el poder, ellos inmediatamente tienen la fuerza para influir en él. Es tanta la presión, que han llegado a cerrar vías de tren, carreteras y oficinas en cualquier parte de la república. Sus fines son personales y no colectivos. La clase obrera está castigada, pero sus líderes acumulan grandes riquezas.

Tenemos a líderes como Carlos Romero Deschamps (recién jubilado), al frente del Sindicato de PEMEX; Juan Díaz de la Torre, actual líder del SNTE (sin olvidar a su antecesora la maestra Elba Esther Gordillo); Napoleón Gómez Urrutia, del Sindicato de Mineros y así a muchos más. Su principal característica es que llevan muchísimo tiempo en el poder. Es tal su fuerza que las autoridades se doblegan ante ellos.

Verdaderamente es un daño enorme el que nos generan en el rubro político, económico y social. Es difícil negociar con ellos porque sus decisiones pueden tumbar un régimen. Solo pensemos por ejemplo, qué sería de la educación si en un momento determinado decidieran ponerse en huelga. Ni qué decir si PEMEX dejara de operar durante 8 días. ¡Las consecuencias serían desastrosas! No habría energía en el país, se paralizaría la economía y básicamente la vida diaria de la gente. He ahí la situación tan comprometedora para tener una relación de mutuo acuerdo entre ambas partes.

El problema, insisto, es esa manipulación por parte de sus líderes que han puesto tras las cuerdas a nuestro país.

Sería importante hacer una revisión al esquema de sindicatos con la finalidad de buscar un equilibrio. Existe una omisión muy importante en la declaración de los recursos que estos gremios reciben. Siempre se ha cuestionado el uso y origen de los miles de millones que reciben y que no son declarados de ninguna forma. La solución radica en una revisión profunda del sistema, que ayude a respetar los derechos de los obreros, por supuesto, pero por otro lado, que conlleve a la obligatoriedad de mostrar los recursos que reciben y su óptima utilización. El sistema democrático para la elección de sus líderes también debería ser sometido a una amplia revisión y rotación más justa de sus representantes. Los secretarios generales de los 15 grandes sindicatos a nivel nacional llevan entre 11 y 43 años perpetuados en el poder.

Por otro lado también están los sindicatos de las empresas privadas que tienen un papel, quizás no tan determinante como los públicos, pero muy decisivo en las compañías. También ellos deberían ser sometidos a los controles que menciono, pues tienen un peso negativo.

De tal forma, los principios deben estar apegados a leyes que urgen ser modificadas. El daño que provocan hoy en día es enorme porque siempre han estado ligados a grandes actos de corrupción y de chantaje. ¡Tenemos que buscar la forma de conseguir que esto cambie ya!

Y como lo menciona atinadamente José Díaz Ramos, político español:

"Los sindicatos no son organismos desligados de la política, toda vez que se inspiran en los principios de la lucha de clases". Intentemos por lo tanto que ese sea el fin y que se acabe con el favoritismo y el enriquecimiento ilícito.

e) RELACIÓN CON LOS ESTADOS UNIDOS

He querido incluir el tema de la relación amor-odio con los Estados Unidos. La llamo así porque ambas partes se necesitan, pero en el fondo no se quieren mucho. En el caso de México, la dependencia con los Estados Unidos es impresionante. Estoy hablando de la potencia número uno del mundo. Ser su vecino conlleva una serie de ventajas y desventajas.

Solo en el año 2019 el intercambio comercial (sumando importaciones y exportaciones) ascendió a 615,000 millones de dólares, lo que se considera un nuevo máximo histórico. Podemos decir que ya somos el proveedor número uno del país norteamericano. Con respecto a las remesas que llegan del país del norte, la cifra en ese mismo año ascendió a 36,048 millones de dólares, superando la inversión extranjera directa y también las exportaciones petroleras.

Se calcula que en Estados Unidos vive una comunidad aproximada de 39 millones de mexicanos. Estos datos nos indican la importancia que representa nuestro vecino. No solo son factores económicos, sino también culturales, sociales y políticos.

En el aspecto cultural, puedo decir que gran parte de la cultura norteamericana toma ya en cuenta al mexicano porque forma parte de su vida diaria. Se festejan fiestas mexicanas. Hay muchos restaurantes de comida típica, el idioma español ya se escucha en todas partes; en fin, la influencia llegó para quedarse.

Por otro lado, el factor económico ha fomentado un intercambio comercial enorme. México es un gran maquilador de diferentes industrias, tales como la automotriz, la aérea, la informática, y por supuesto, la agrícola. Exportamos una gran cantidad de productos que son muy demandados en aquel país.

En el aspecto político, la relación también es enorme. Tenemos gente de origen hispano en puestos burocráticos, lo que da a entender la fuerza que el mexicano ha adquirido con el paso del tiempo. En el aspecto migratorio, existe una relación sumamente estrecha y tensa, con grandes problemas debido a la gran cantidad de personas que desean cruzar la frontera norte. El tema de las drogas y la venta de armas a nuestro país ha puesto en jaque varias veces nuestras relaciones diplomáticas. Es un tema que no tiene fin. Los beneficios económicos para los grupos delictivos son enormes. Como tema también muy importante en el aspecto político está la influencia del voto latino en las elecciones de aquel país. Pasamos de ser una minoría insignificante, a tener un poder tal, que los actuales candidatos se pelean por obtener el voto de las comunidades hispanoparlantes.

Es por todo lo que acabo de mencionar, que la dependencia que tenemos con Estados Unidos es tan importante. No olvidemos además que contamos con un tratado de libre comercio (TMEC) desde la época de Carlos Salinas de Gortari, que vino a fortalecer todavía más nuestra relación. Este ha funcionado desde entonces y, a pesar de las últimas modificaciones, lo seguimos manteniendo porque nos beneficia a ambas partes.

Parece que todo fuera color de rosa; sin embargo, no todo es como lo pintan.

Tener una relación tan estrecha con nuestro vecino del norte, nos ha hecho un país completamente dependiente de ellos y es ahí donde encuentro el primer problema. Al ser ellos una nación muy poderosa, han hecho lo que han querido con nosotros. En algunas cosas el beneficio para nosotros ha sido muy grande. Pero preguntémonos qué pasó con el territorio que perdimos en manos de Santa Ana. Ellos tienen el poder para pedir y exigir un sinfín de cosas y nosotros casi siempre cedemos. En el ámbito político hemos tenido que proteger nuestras fronteras para evitar la fuerte migración de la gente hacia su país, ya que de no hacerlo, nos impondrían sanciones económicas. México tuvo que cumplir la promesa.

En temas económicos hemos sido presa de aranceles muy injustos. Se supone que los tratados y convenios que tenemos nos permiten cierto tipo de operaciones, pero ha habido muchos casos en los que su poder se aplica más allá de las decisiones jurídicas establecidas en los contratos.

En el tema de las drogas siempre nos han visto como los culpables de sus males, sin darse cuenta que el origen de todo está en quién las consume.

Y la historia seguirá siendo así. Es la relación enfermiza entre el dominador y el dominado que no hemos superado desde hace siglos. Ellos son los fuertes y nosotros, los débiles.

Y no son los fuertes por sus enormes recursos económicos, son fuertes por su sólida soberanía.

La grandeza de un país no se mide en su PIB ni en su capacidad de armamento. La soberanía es el resultado de una verdadera democracia, donde el pueblo vive bien, con bienestar y con prosperidad. Critico al Gobierno mexicano que no ha sabido defender nuestra soberanía.

Este tema me recuerda la reflexión que me he hecho en muchas ocasiones acerca del daño que nos ha hecho el petróleo. Quizás el no haberlo tenido nos hubiera obligado a ser una nación diferente, más eficiente y más trabajadora. El petróleo nos hizo conformistas y mediocres, en lugar de habernos impulsado para ser una sociedad más creativa y agresiva.

Sería erróneo echarle toda la culpa a ellos. Nuestra soberanía se encuentra pisoteada desde el momento en que un mandatario de aquel país se atreve a insultar a nuestros conciudadanos y no le exigimos una disculpa, cuando no se respetan los derechos humanos de la gente que cruza hacia aquella nación, cuando permitimos que nos humillen y nos llamen delincuentes. El problema es que no hemos sabido poner en alto el nombre de nuestra nación. Nos avergonzamos de nuestros orígenes. Recordemos que el mexicano guarda un resentimiento y un odio que lo empujan a esconderse, en lugar de enfrentar las situaciones de la vida.

El Gobierno mexicano se comporta de manera miedosa y sumisa; tolera todos los insultos, porque el poder se encuentra en manos de gente que se siente menos. El verdadero cambio se dará el día que seamos capaces de funcionar en equipo, unidos y pensando en el bien común de todos los mexicanos. Vivimos en un México muy dividido por muchas razones y, mientras no aprendamos a convivir como una auténtica sociedad, nos será imposible darnos a respetar en el extranjero. Necesitamos fortalecer nuestro Estado de Derecho y poner bien alto el nombre de nuestra nación, cueste lo que cueste.

f) RELACIÓN CON OTROS PAÍSES

México cuenta con 80 embajadas a nivel mundial, 67 consulados y 3 oficinas de enlace. Tiene una significativa presencia global con más de 150 representaciones diplomáticas y relaciones con 193 países; es decir, prácticamente con todo el mundo. Solo en los Estados Unidos existen 50 consulados mexicanos. Ningún otro país tiene una cifra similar.

Y quizás aquí es donde hemos perdido la oportunidad de "voltear a ver" a otras naciones interesantes. Existen países en todo el mundo que consumen nuestros productos, que por cierto son muy bien reconocidos. De la misma manera, México tiene una economía abierta para recibir productos y servicios de otras naciones.

En la rama automotriz, países como Japón y Alemania tienen importantes centros de fabricación a lo largo y ancho del territorio nacional. Eso habla de la buena relación que tenemos con esos países y de las grandes oportunidades que ello implica. Contamos también con inversiones de países como Italia, China, Corea y otros.

Sin embargo, no hemos explotado el gran potencial que se podría tener con todas esas naciones. El mundo cada vez es más global y la interdependencia de unos con otros debe verse de una forma completamente natural. Hoy en día encuentras productos de países muy remotos que en otros tiempos hubiera sido imposible imaginar. De la misma manera, muchos de nuestros productos se exportan a países muy lejanos.

La carrera en el comercio mundial ha tenido en los últimos 20 años un cambio radical. Naciones que pensamos jamás perderían su gran protagonismo, encuentran hoy una gran competencia. Por otro lado, países muy pequeños, hoy son reconocidos en todo el mundo. No hablamos solamente de productos, sino también de servicios. Pensemos en la industria hotelera mundial. ¿Quién hubiera pensado que la República Checa sería un gran centro turístico? ¿Y qué opinas de Vietnam o Tailandia? Las nuevas formas de comunicación y las nuevas redes de la información han determinado características no vistas tiempo atrás.

El mundo ha cambiado radicalmente y México no es la excepción; sin embargo, no hemos sabido potencializar nuestras fortalezas a nivel mundial. En primer lugar, por la dependencia tan fuerte que tenemos con los Estados Unidos. Más del 90 % de nuestras exportaciones van dirigidas a ellos y, sin negar que eso es muy bueno, deberíamos de nivelar esos porcentajes con otros países del mundo. Tenemos un sinfín de elementos para poder establecer relaciones comerciales con países que actualmente no tienen presencia en el nuestro y viceversa. Hablamos de bienes y servicios, y no veo una inversión fuerte para poder explotar ese potencial que tiene nuestra nación.

La globalización ha traído nuevos enfoques en los distintos órdenes. Tenemos cuestiones importantes que resolver: la pobreza, la corrupción y la injusta repartición de la riqueza que imperan actualmente. Sin embargo, la visión de una sociedad mexicana hacia un futuro en busca de desarrollo y una mejor forma de vida, podría dar como resultado un país con hambre de progreso.

El mundo se encuentra en una encrucijada actualmente. Los gobiernos son muy distintos en todos lados y la forma de gobernar también. Sin embargo, nos une un mundo global que ya no puede escapar de su participación en las decisiones de todos. Nos encontramos frente a un nuevo orden mundial, donde las alianzas son esenciales dependiendo de los intereses que se busquen. Se habla de una guerra comercial para distribuir productos y servicios, en la que las grandes corporaciones multinacionales se parecen a una indomable fuerza imperialista.

México debe identificar esos lugares donde pueda y deba participar para integrarse a esta nueva estrategia. Las alianzas son la nueva forma de supervivencia y México no se ha "puesto las pilas". Vivimos en el pasado. Las nuevas tecnologías nos obligan a movernos inmediatamente para no perder la oportunidad de éxito.

Es por eso que nuestra nación tiene que aprender a manejar las relaciones comerciales, culturales y políticas con la mayor cantidad de países posibles para poder trabajar en equipo. Desgraciadamente es un país cada vez más cerrado y reacio a esa apertura. Esto no lleva a nada bueno, pues las decisiones ya no se toman de esa manera. En el tema ambiental, los países más desarrollados no permiten la participación de países que no entren al programa de "cero contaminantes". Y es así que poco a poco perdemos protagonismo a nivel mundial.

Me considero un amante de la identidad de un país. Defiendo y defenderé a las pequeñas empresas, que con esfuerzo, mantienen la identidad de nuestro querido México. Como lo he mencionado a lo largo de este libro, es mejor tener 20 bancos que 3. Generan más competencia, mejores precios, más empleos, más riqueza, etcétera. Mantengo ese pensamiento sin lugar a dudas y también apuesto por los pequeños negocios con "sello de identidad", como puede ser un pequeño hotel boutique en algún lado de la república, por ejemplo.

El Gobierno es quien debe facilitar y establecer los lazos comunicadores con otras naciones. Y esa relación, por supuesto deberá ser tanto a nivel público como a nivel privado, para que tanto ellos como nosotros podamos tener ese intercambio de mercancías, de servicios, de costumbres, de ideas, a fin de enriquecernos mutuamente. Yo veo cómo países de Oriente han crecido en los últimos años de una forma vertiginosa. Sus gobiernos han entendido que la integración con el mundo puede ser un pilar para su crecimiento como nación.

La cantidad de cosas que se me vienen a la cabeza son muchísimas. Me imagino exportando a China 10 veces más de los productos que actualmente les vendemos. O por qué no tener más inclusión con países de Oceanía. En el aspecto cultural también sería increíble. Pensemos que la felicidad de un país no solo va de la mano de la capacidad monetaria de la gente; también el bienestar interno genera una nación más feliz, más sana y menos viciosa.

Dejemos la dependencia absoluta con los Estados Unidos e intentemos sacar provecho de la economía mundial. Si no lo hacemos nosotros, otros lo harán y ya luego será muy difícil. Actualmente estamos perdiendo, pues nuestras políticas son cada vez más proteccionistas cuando el mundo se ha vuelto más global. Dejemos que grandes empresas lleguen a nuestro país, inviertan en él y hagan de México una nación grande, rica y poderosa. De nada nos sirve seguir protegiendo empresas que son un lastre para la nación, cuando el mundo nos está pidiendo que lo dejemos participar.

Las naciones quieren invertir en México y nosotros queremos salir al mundo, pero ello depende de que el Gobierno nos lo permita. Lo que no estamos haciendo ahora nosotros, lo están haciendo otros países como Costa Rica o Panamá. Dejemos esa mentalidad retrógrada de los años 60 y pensemos que el mundo del siglo XXI demanda soluciones de este siglo.

g) RELACIÓN CON EL EMPRESARIADO

La relación que tiene el Gobierno con la iniciativa privada es fundamental para el éxito de cualquier país. No se puede entender un país próspero si entre estas dos partes no existen las mejores condiciones de entendimiento. Durante años, la relación en términos generales ha sido relativamente buena.

El Gobierno, como función principal, debe ofrecer las condiciones ideales para que las empresas se puedan establecer y puedan operar con éxito. De este resultado se entiende que ambas partes salgan beneficiadas y por consecuencia, el país en general.

En México, la forma de comunicación entre ambas partes se da mediante lo que se conoce como las Cámaras de Comercio y de Industria. Estas promueven y defienden, nacional e internacionalmente, las actividades de la industria, comercio, servicios y turismo. Colaboran con el Gobierno para lograr el crecimiento socioeconómico así como la generación y distribución de la riqueza. Son órganos de consulta y colaboración del Estado.

Por mencionar algunas de las más importantes, tenemos a la Confederación de Cámaras Nacionales de Comercio, Servicios y Turismo (CONCANACO), la Cámara de Comercio (CANACO), la Confederación de Cámaras Industriales y Asociaciones Empresariales del Sector Industrial

(CONCAMIN), el Consejo Coordinador Empresarial (CCE), la Confederación Patronal de la República Mexicana (COPARMEX) y muchas otra más. Todas enfocadas para proteger a su gremio y para ser los interlocutores entre el Gobierno y la iniciativa privada. Te puedo decir que en algunas ocasiones ha habido éxito, pero no siempre.

De una o de otra forma estas Cámaras, desde su creación, han protegido a las empresas establecidas en nuestro país y han generado la riqueza de nuestra nación. Las empresas, por su lado, ejercen su labor de la mejor manera posible, sin dejar de respetar las condiciones a las que están obligadas.

Y aquí es donde aparecen los primeros problemas que, finalmente afectan de una manera importante el avance óptimo de nuestra nación, en el tema económico principalmente.

Por un lado tenemos un Gobierno, que a través del tiempo, ha favorecido de una manera exagerada a ciertas empresas. Esta protección desmedida ha provocado un crecimiento exponencial de algunas compañías en detrimento de muchas otras. El Gobierno no ha sido capaz de ser neutral en muchos casos y esto provoca una desigualdad. El favoritismo hacia algunas empresas siempre ha ido acompañado de graves casos de corrupción que, en la mayoría de las ocasiones, no son detectados.

Te encuentras con gran cantidad de licitaciones que son otorgadas de manera directa. La Ley claramente menciona los principios de equidad, mismos que normalmente no son respetados. La corrupción conduce a casos de enriquecimiento de algunos pocos que se dan en el lapso de unos cuantos años. La sociedad solo es un simple espectador sin la capacidad de hacer algo al respecto. Aquellos que cometen las infracciones son los mismos que las juzgan y deciden. No sabemos a quién acudir. Vemos las cosas y las dejamos pasar.

Este favoritismo descarado ha sido la desgracia de este país. La concentración de la riqueza provoca pobreza. Cuando tú distribuyes la riqueza entre muchas personas, logras enviar recursos a más lugares. Por lo contrario, si se permite que una sola persona acumule dinero y poder, solo se enriquecerán unos cuantos.

Los países realmente ricos lo son porque la distribución de la riqueza logra llegar al mayor número de personas. Siempre hemos escuchado que no hay nada mejor que una clase media muy grande. Y se entiende así porque no hay ni tantos pobres, ni tantos ricos. Lo mismo pasa con las empresas, en la medida en que se logra que haya varias haciendo lo mismo, la riqueza se distribuye de una forma más equitativa.

Pero eso es muy difícil, porque los intereses tienen nombre y apellido. El poder político en este país es equivalente a poder económico. En México es sabido que los políticos, amparados en el poder, han amasado muchísimo dinero y han tenido en sus amigos empresarios, los socios idóneos para hacer sus grandes negocios. El Gobierno dificulta la operación de empresas que no son afines a sus intereses. Es una relación un tanto perversa, donde se entra a una guerra sin fusil.

Mas allá de la dificultad de poder trabajar con el Gobierno, está lo complicado y costoso que es operar una empresa en la formalidad. De ahí que la informalidad sea tan grande. Esta tiene algunas desventajas, pero el costo-beneficio es mucho mayor que operar en la formalidad. Es más barato operar un negocio informal que uno formal y más aún, cuando la autoridad persigue a los que están reglamentados y se hace de la "vista gorda" con aquellos que no existen en el padrón empresarial. Esta complicidad es otro aspecto negativo para el desarrollo de nuestro país. Con un 60 % de empresas en la informalidad, el sustento del país recae en un porcentaje muy pequeño. El Gobierno debería de proteger a las empresas ya establecidas y por otro lado, intentar incorporar los negocios informales a la economía para generar, entre todos, riqueza para la nación.

Las diferentes Cámaras han sido el mejor interlocutor para conseguir los máximos beneficios para todos, pero es el Gobierno quien toma la responsabilidad de que eso suceda. La clave para el éxito de estas medidas está en la perseverancia que se tenga de seguir insistiendo. Ojalá algún día entendamos la lección: "Todo éxito tiene lugar fuera de la zona de confort".

h) ÓRGANOS AUTÓNOMOS

Un órgano autónomo es una institución pública con un determinado grado de independencia. Son entidades de derecho público, con personalidad jurídica propia, tesorería y patrimonio propios y autonomía en su gestión, que desarrollan actividades propias de la Administración Pública, tanto actividades de fomento, prestacionales, de gestión de servicios públicos o de producción de bienes de interés público.

De acuerdo a estos criterios, se consideran autónomos: El Banco de México, el Instituto Nacional Electoral, la Comisión Nacional de los Derechos Humanos, el Instituto Nacional de Estadística, Geografía e Informática, el Instituto Nacional de Evaluación Educativa, el Instituto Federal de Telecomunicaciones, la Comisión Federal de Competencia, el Consejo Nacional de Evaluación de la Política de Desarrollo Social, el Instituto Nacional de Transparencia, Acceso a la Información y Protección de Datos y la Fiscalía General de la República.

Estos órganos se crearon a partir de 1993 con la idea de mantener una independencia del Gobierno Federal. Sus atribuciones son importantísimas para la democracia y, de la separación con el Gobierno, depende el éxito de los mismos. Muchos de ellos fueron creados a raíz de las nuevas necesidades que México y el mundo tienen, a partir de nuevas tecnologías, nuevas reglas de comercio, de derechos humanos, etc.

Un ejemplo de autonomía es El Banco de México. Su función principal es la de proveer de moneda nacional a la economía, instrumentar la política monetaria con el objetivo prioritario de procurar la estabilidad del poder adquisitivo de la moneda nacional, así como establecer las medidas necesarias para mantener controlada la inflación. Este y otros aspectos más han ayudado a que este, de una manera independiente, pueda tomar decisiones en beneficio de la nación y no de un gobierno en turno.

El INE es el encargado de organizar las elecciones en todos los niveles y, gracias a su independencia, se ha conseguido tener votaciones limpias, ordenadas y democráticas.

El IFT tiene como finalidad promover el desarrollo eficiente de la radiodifusión y las telecomunicaciones, llevando a cabo tareas de competencia, regulación, promoción y supervisión de la explotación del espectro radioeléctrico, las redes y la prestación de los servicios de radiodifusión y telecomunicaciones.

Ya he explicado las funciones de algunos de los órganos que existen. Ellos deben tomar decisiones en beneficio de la población. Sus dirigentes deben ser apartidistas, para asumir sus labores con la mayor justicia posible. El concepto, por lo tanto, parece muy bueno y así ha sido normalmente, sin embargo, la intromisión constante de los gobiernos, hace que nos cuestionemos la separación de unos con otros.

Nos encontramos casos muy evidentes como el de la Fiscalía General de la República, cuyo encargado del despacho tiene una amistad profunda con el presidente. Y eso, finalmente afecta la independencia del organismo. La fortaleza de estas entidades es lo más deseable, ya que supone un fuerte contrapeso al Poder Ejecutivo.

En los últimos años ha habido situaciones muy complicadas entre la SHCP y El Banco de México. Ambas partes tienen funciones específicas, pero las decisiones que toma uno repercuten severamente en las del otro. El Banco de México no ha querido bajar las tasas de interés para tener cierto control de la inflación, pero por otro lado, la SHCP se molesta porque argumenta que eso frena la inversión de las empresas.

El caso más polémico le corresponde al INE. Constantemente ha habido discusiones respecto a las campañas electorales. Este organismo es el encargado de revisar los gastos de campaña, los tiempos electorales, el tipo de difusión de su publicidad, los presupuestos designados que tienen los partidos, etc. Pues bien, podemos decir que el trabajo ha sido muy aceptable en términos generales, pero de todas formas siempre hay diferencias y malentendidos.

Los órganos autónomos solo respetan el mandato para el cual fueron creados, teniendo como punto medular, la independencia con los demás gobiernos y entidades que participan en la vida política del país. Su desaparición parece imposible en un mundo como el actual, donde todo debe ser limpio y transparente; sin embargo, es muy común que los gobiernos constantemente quieran interferir en muchas de sus decisiones. La democracia llegó para quedarse y es por eso que el papel fundamental de todos ellos sea el respeto a la Ley.

Me preocupa la forma cómo los gobiernos intentan manipular a sus presidentes. En los últimos años hemos visto decisiones completamente sesgadas y eso es muy preocupante. En el área de la Justicia, se han visto casos de favoritismo para con ciertos personajes y de revanchismo hacia otros.

Recordemos que las leyes se hicieron para cumplirlas y respetarlas de acuerdo a Derecho. Todas ellas están bien hechas y no necesitan ser modificadas; sin embargo, la manipulación no debe existir y debería ser sancionada de la misma manera. Constantemente estamos viendo decisiones a favor de algún personaje, en perjuicio de la democracia de nuestro país.

Recordemos que estos órganos ayudan a las empresas, a la gente, a los mismos gobiernos a que nos sujetemos a normas que van más allá de la interpretación jurídica de una sola parte. Es un tema sujeto a Derecho y al respeto de las Instituciones. La autonomía es una forma de división del poder y debe entenderse como la distribución de competencias sobre determinadas materias.

Para algunos juristas, los órganos autónomos gozan de cierta independencia para cumplir con el desarrollo de sus actividades. En estricto sentido, son organismos descentralizados sujetos a coordinación y control, lo que comprende el conjunto de potestades de inspección, vigilancia y fiscalización que pueden ejercer las autoridades supremas del Estado. Así, las decisiones de un organismo no deben estar exentas del control de los poderes públicos; sobre todo, del órgano parlamentario, pero siempre con su debida independencia.

i) PARTIDOS POLÍTICOS

Un partido político se define como una entidad de interés público con personalidad jurídica y patrimonio propios, con registro legal ante el Instituto Nacional Electoral o ante los organismos públicos locales, que tiene como fin, promover la participación del pueblo en la vida democrática.

El concepto en sí es bueno, fomenta la democracia y permite la participación de la sociedad; sin embargo, desglosando esa misma definición, encontramos varios problemas.

Todos los partidos, en mayor o menor medida, tienen intereses particulares y privados que les han brindado un poder absoluto en el terreno económico. Llevamos décadas hablando del poder de manipulación que tienen para definir elecciones, gobernantes y funcionarios. Todo esto sin tomar en cuenta que el pueblo es lo más importante.

Por muchas razones los partidos políticos son un gran negocio. Reciben un presupuesto elevadísimo para tener "elecciones democráticas". Es sabido que reciben una cantidad enorme de dinero para su funcionamiento. Otro problema es el ***chapulineo*** de los partidos pequeños y sus alianzas con los partidos de mayor representación legislativa, sin importar ideologías o principios.

Los partidos políticos en México no han sabido cumplir su principal objetivo: obedecer el mandato de su base clientelar que les dio su voto y confianza mediante una ideología determinada. No han sabido adecuarse a las necesidades de la gente . México ha cambiado muchísimo en los últimos 20 o 30 años. Somos una sociedad muy poco exigente, muy poco participativa, muy poco preparada; sin embargo, cada vez más informada. Las redes sociales nos bombardean a diario con noticias de todo tipo y nos dicen al momento todo lo que está sucediendo. Nos ha ido muy mal con todos en general, por lo que al pueblo ya le da igual lo que suceda. La gente está desilusionada, aburrida, cansada y harta de que se prometan muchas cosas y a la mera hora no pase nada. En resumen, los partidos han perdido su esencia, y el pueblo, su ilusión por ellos.

El caso más claro lo tenemos con las últimas elecciones presidenciales de 2018 en las que el partido de Morena tuvo un triunfo histórico. ¿Realmente fue un éxito para ese partido o fue la respuesta de la sociedad para castigar a los demás partidos? El tiempo ha demostrado que la mayoría de las veces, los partidos han lucrado en perjuicio de la sociedad. Esta quiere otras alternativas, pero no encuentra algo diferente.

Los partidos políticos siempre deben favores. Las elecciones se ganan en gran parte con dinero que aportan grupos afines, son favores que en algún momento se tienen que pagar a través de obras públicas o asignaciones de contratos. Aquí se aplica perfectamente la expresión "favor con favor se paga".

Por otro lado, el Instituto Nacional Electoral (INE) es quien controla los gastos de los partidos en sus campañas electorales.

A pesar del esfuerzo de dicha institución, los partidos manejan el presupuesto de tal forma, que se han llegado a gastar 10 veces más de lo que se les tiene autorizado

La política y los políticos están en las entrañas de los partidos. Son grupos de poder que mueven los hilos de la gobernabilidad del país. Estos van de un lado a otro de acuerdo a intereses particulares. El Sindicato Nacional de Trabajadores de la Educación (SNTE) mueve aproximadamente a 2 millones de afiliados que a lo mejor representan 6 o 7 millones de votantes. Esos grupos de poder político definen una elección en cualquier momento al igual que los movimientos estudiantiles, los gobiernos estatales y municipales, las agrupaciones de policías, los mineros, los grupos campesinos e incluso los gobiernos de otros países. ¿Por qué crees que la Reforma Educativa se derogó con el nuevo Gobierno? Porque hay que repartir plazas a todos esos maestros que se vieron afectados con la última reforma del presidente Enrique Peña Nieto.

Son muy comunes los pactos entre partidos y otras organizaciones a fin de lograr acuerdos que les representen votos. Tengo que decir que la sociedad es la única que puede solucionar este problema. La historia de México nos ha llevado a ser un país poco exigente y muy conformista.

Termino con una frase que decía el cantautor Facundo Cabral: "A lo que más temo es a los pendejos, porque son demasiados y eligen hasta el presidente".

CAUSA 3 LAS EMPRESAS

a) TAMAÑO DE LAS EMPRESAS

Las empresas juegan un papel fundamental porque no permiten el avance de México como nación. Existen diferentes tamaños de empresas: micro, pequeñas, medianas y grandes. En 2019 había un total de 6,373,169 que daban empleos formales a 36 millones de personas aproximadamente.

En las zonas urbanas había 5.12 millones y en las zonas rurales, 924 mil. El 95.4 % son micro, un 3.6 % son pequeñas y el .8 % son medianas. Todas ellas representan el 99.8 % del ámbito empresarial de nuestro país, aportando el 52 % del PIB y el 72 % de los empleos formales. El .2 % restante son grandes empresas que representan el 48 % del PIB y el 28 % de los empleos formales.

La microempresa es aquella cuya plantilla laboral oscila entre 1 y 10 empleados; la pequeña tiene entre 11 y 30; la mediana suma entre 31 y 100 y la grande, de 100 en adelante.

Más allá de estos datos informativos que he proporcionado para dar una dimensión de la forma como se encuentran distribuidas en nuestro país, verás que la mayoría de estas son microempresas. Resulta sorprendente que el porcentaje de las grandes empresas con relación a su productividad sea tan alto. Me preocupa que exista una concentración tan alta de la productividad en tan pocas compañías.

Todas las empresas tienen cabida en nuestro país, ya que generan empleos, riqueza, impuestos y muchos beneficios para la sociedad. Sin embargo, creo que el Gobierno debería tener mucho cuidado en proteger a las micro y pequeñas empresas. La existencia de esas grandes compañías "dominantes" provoca una difícil competencia en la que el "grande" termina por comerse al "pequeño". El cierre de las micro y pequeñas empresas desincentiva la inversión, provoca desempleo y pobreza, generando una alta concentración de la riqueza en unas cuantas manos.

Cuando una empresa grande se establece en una zona, se observan cierres de pequeños negocios como farmacias, tintorerías, papelerías, misceláneas, panaderías y demás. La falta de recursos, de financiamiento y de ventas, las obligan a cerrar y, aunque algunas consiguen reinventarse y salvarse, el efecto negativo en general termina por perjudicar a esa comunidad.

Quiero poner un ejemplo para explicarme mejor. Un supermercado grande emplea a 100 personas (cajeros, dependientes, personal de seguridad, choferes, etc.). Esta empresa vende: ropa, comida, artículos deportivos y de limpieza, medicamentos, aparatos electrónicos y otros. Esa misma zona cuenta con micro y pequeñas empresas que venden las mismas cosas que el supermercado, pero emplean para el mismo fin a 250 personas. Si consideramos cerrar todas esas pequeñas empresas tendremos una pérdida de 150 empleos.

El objetivo es conseguir que ese 99.8 % de microempresas se salven, puedan crecer y alcancen un mayor porcentaje del PIB. El Gobierno, en esta asignatura, se ha quedado muy corto y es fundamental que se fomenten nuevas ideas para lograr esos objetivos.

b) LABOR SOCIAL DE LAS EMPRESAS

La responsabilidad social de la empresa se conoce también como ***responsabilidad social corporativa***, basada en una contribución activa y voluntaria por parte de la empresa, con el fin de mejorar el entorno social, económico y ambiental. De esta forma se optimiza la situación competitiva y su valor añadido.

Normalmente son las grandes empresas las que desarrollan esta labor de responsabilidad social. Su alcance les permite tener los recursos para poder incursionar de una manera mucho más activa que una empresa pequeña que no tiene forma de hacerlo. Muchas veces las empresas utilizan esta figura como una forma de publicidad y por eso considero que deberían hacer las cosas pensando en la sociedad, en el medio ambiente y en el beneficio económico de una región.

Una vez identificadas las preocupaciones y necesidades de una comunidad, se pueden determinar las estrategias y compromisos a realizar, con la finalidad de ser más efectivos. Nosotros como consumidores debemos de ser los primeros responsables en exigir que las empresas cumplan con su labor social.

Quiero pensar, por ejemplo, en una empresa que hace muebles de madera. Lo primero que me viene a la cabeza es la tala de árboles. Imagino el daño que se produce a los bosques, a los humedales, al curso de los ríos. Además, esa fábrica contamina el agua, genera desechos tóxicos, como pegamentos, resinas y solventes que van directamente a los ríos y lagos. También genera un mayor tráfico en la zona, un ruido exagerado y otros posibles inconvenientes. Así pues, dicha empresa debería cumplir, ante las autoridades y ante la sociedad, una labor social responsable para la reposición de todos los daños que pudiese estar cometiendo. Sin embargo, en realidad, poco es lo que hacen las compañías si no se les obliga. La mayoría de las empresas en México no tienen la cultura para proteger a su comunidad. No se dan cuenta del daño que provocan a la gente, ni tampoco del que se producen ellos mismos en el mediano y largo plazo. Una comunidad agradecida e involucrada en el proyecto, dará un mejor resultado para ambas partes. En el corto plazo tiene un costo económico, pero en el mediano y largo plazo es completamente beneficioso. Así mismo deben fomentar las buenas prácticas para generar los mayores beneficios a su entorno. Aquellas que son muy grandes realizan campañas a nivel nacional; sin embargo, las pequeñas desempeñan una labor local que las identifica mucho más con su comunidad. El gran problema de México es que siempre ha tenido una visión a corto plazo. Las grandes acciones toman su tiempo y eso es justamente lo que no tenemos en nuestro país. El éxito se mide de manera personal y no colectiva.

c) EVASIÓN FISCAL

La evasión fiscal o evasión de impuestos, conocida también como fraude fiscal, es toda conducta ilícita en la que incurren personas o empresas (llámese a estos contribuyentes) de manera dolosa o culposa y que tiene lugar cuando ocultan u omiten ingresos y bienes a las Administraciones Tributarias o cuando sobrevaloran conceptos deducibles, con el único fin de reducir el pago de una obligación tributaria (impuestos) con respecto a lo que legalmente les correspondería. La evasión fiscal en México es el pan nuestro de cada día y es el resultado, entre otras cosas, de la corrupción, la impunidad y el hartazgo.

Las empresas buscan obtener utilidades mediante mayores rendimientos en sus diferentes áreas de negocio. Una de esas áreas tiene que ver con el tema fiscal. Es cuestionado porque nunca se está de acuerdo en si el pago de impuestos corresponde a un porcentaje justo y lógico. Los impuestos tienen sus respectivas tasas, las cuales siempre son cuestionadas porque son muy altas.

La comparación con otros países nos indica que no tenemos los impuestos más altos; sin embargo, comparados con otros de Latinoamérica, sí que lo son. Porque una cosa es la tasa impositiva y otra es el porcentaje que se recauda del PIB.

Si por ejemplo, tengo un PIB de 100 y un porcentaje en el pago de impuestos de 15, significa que de cada 100 pesos que produce el país, 15 de ellos se destinan al pago de impuestos. Es precisamente en este cálculo que nuestra recaudación en comparación con otros países es muy baja.

Países como Luxemburgo tienen un porcentaje del PIB altísimo, equivalente al 39.3 %. Eso significa que de cada 100 puntos de recaudación, 39.3 se destinan al Gobierno para pago de impuestos. Holanda tiene un porcentaje del 36.3 %; Dinamarca, del 48.6 %; Francia, del 45 %, etc.

México tiene un porcentaje de recaudación del 16.1 % en relación al PIB. Según lo menciona el diario ***El Economista*** del 5 de diciembre de 2019, México ocupa el último lugar en recaudación tributaria entre los países de la OCDE. Ahí mismo se detalla que el promedio que recaudan esos países es del 34.2 %. El penúltimo es Chile con 21.1 %, Irlanda con 22.3 % y Estados Unidos con 24.3 %. No solamente ocupamos el último lugar, sino que estamos muy por debajo del promedio respecto a los demás. Ante esta situación, los avances de la nación quedan nulificados, pues es muy poco el dinero del que se dispone para fomentar un crecimiento importante.

Estos datos duros y sencillos retratan el estancamiento de la economía durante décadas. Pero, ¿por qué tenemos esos números tan negativos? Porque la corrupción y la impunidad son los culpables.

Las empresas están obligadas a pagar impuestos, pero no los pagan o pagan menos de lo que les corresponde, a sabiendas de que no serán descubiertas. Pero en caso de que sí suceda, siempre existe la forma de "negociar" con las autoridades. Con las personas físicas y morales sucede algo similar. Muchas veces incurren en la evasión fiscal que es un signo claro de corrupción.

La elusión fiscal es el uso de principios legales que aprovechan ciertos huecos en la Ley con el propósito de no pagar impuestos y por ello resulta difícil de castigar.

Otro concepto estrechamente relacionado con la evasión es "el dinero negro". Se usa el dinero en efectivo para realizar un determinado número de operaciones que no figuran ni en los estados de cuenta bancarios ni en los libros contables de las empresas. En consecuencia, no se notifica a las autoridades hacendarias.

La economía informal también forma parte de la evasión fiscal y es una de las más dañinas. Representa más del 50 % de la población económicamente activa que no paga impuestos de ningún tipo. Esta engloba rubros como el IVA, el ISR y las cuotas al IMSS. Dentro de esta economía informal se manejan actividades como el tráfico de armas, narcotráfico, redes de prostitución, etcétera, que generan violencia, inseguridad, terrorismo, contrabando y otras actividades que son costosísimas para la nación.

Constantemente, narcotraficantes, contrabandistas, delincuentes de "cuello blanco" son detenidos y; sin embargo, al poco tiempo son puestos en libertad por diferentes circunstancias, en las que predomina la corrupción y la impunidad.

Por último menciono el factor "hartazgo". La gente y las empresas están cansadas de pagar impuestos y no ver sus beneficios. Por ejemplo, pagas el impuesto predial y tienes las calles de tu colonia sin pavimentar. Pagas el seguro social y no hay medicinas básicas. La gente está harta de ver los abusos de la autoridad y que los contribuyentes sean los que paguen los "platos rotos". Da coraje que los gobernantes aumenten impuestos, pero que no pregonen con el ejemplo. Una muestra de ello es la exención de impuestos que tienen los diputados y senadores.

Tenemos la obligación de pagar impuestos, pero existe un principio de equidad que nos debe regir a todos. El pueblo de México, desde hace mucho, encontró en la evasión fiscal una forma de vida que se justifica bajo el argumento de que el Gobierno ni canaliza adecuadamente esos ingresos, ni tampoco castiga de una forma pareja a todos. Bajo este esquema me pregunto si no es tentativo dejar de pagar impuestos. Pensarlo es triste, pero también atractivo al mismo tiempo.

Hay muchas soluciones. Yo te las diré más adelante. Por el momento te dejo la tarea de hacer un examen profundo para saber qué has hecho tú y qué piensas hacer en un futuro. Como dijo el gran estadista francés Jean Baptiste Colbert en el siglo XVII: "El arte de los impuestos consiste en desplumar al ganso de forma tal que se obtenga la mayor cantidad de plumas con el menor ruido".

d) NEGOCIOS CON EL GOBIERNO

De acuerdo a ciertas reglas, sabemos que es legal hacer negocios con el Gobierno para venderle productos o servicios. Para esto hay dos esquemas de cómo hacerlo: mediante licitaciones o a través de adjudicaciones directas.

En algunas ocasiones y tratándose de situaciones especiales, se designa alguna compra sin el uso de una licitación, por tratarse de algo muy específico. Aparentemente todo suena muy bien, pero la realidad es muy diferente. A continuación explico las razones.

Favoritismo

Cuando trabajas con el Gobierno, generalmente tienes un amigo, un pariente o un conocido en un puesto específico que puede intervenir y decidir la compra de tu producto o servicio. Es un proceso manipulado, donde falsamente se presentan cierto número de licitaciones a sabiendas de que la tuya será la ganadora.

Corrupción

En este caso, una persona del Gobierno recibe las cotizaciones y se pone de acuerdo con su contacto para darle toda la información, a fin de ofrecer los mejores precios.

Falta de licitaciones

El Gobierno debe licitar sus compras, con el fin de obtener el mejor producto al mejor precio posible. Sin embargo, la mayoría de las compras en este país se realizan sin licitación. Te informo que el Instituto Mexicano para la Competitividad (IMCO) reportó que hasta noviembre de 2019, la Administración actual adjudicó de manera directa 77 % de sus contratos. Este porcentaje es mayor al 72 % que se registró entre el 2010 y el 2018. Las adquisiciones, por regla general, se adjudicarán a través de licitaciones públicas mediante convocatorias a fin de asegurar las mejores condiciones en cuanto a precio, calidad, financiamiento, oportunidad, crecimiento económico, generación de empleo, eficiencia energética, uso responsable del agua, así como la protección al medio ambiente y demás circunstancias pertinentes. Sin embargo, el artículo 4º de la Ley de Adquisiciones menciona que las dependencias podrán optar por no llevar a cabo el procedimiento de licitación pública y celebrar contratos a través de los procedimientos de invitación, a cuando menos tres personas o a través de la figura de la adjudicación directa a falta de licitaciones.

Palancas

"Si no tienes palancas mejor ni le entres". Esa expresión la hemos escuchado muchas veces. Es el caso de proveedores que jamás recibieron su pago. Es común que el Gobierno te compre, pero nunca te pague. Es una batalla difícil de ganar. Por lo tanto, "si no tienes, ni le entres". Las palancas no solo están presentes en la compra, sino también en la cobranza y como siempre con un "sobre" por delante.

Trampas

Algo que sucede muy a menudo es que la empresa ganadora entrega un producto o servicio de menor calidad. Pensemos por ejemplo en las medicinas. Es probable que se coticen medicamentos y que el ganador ofrezca un producto genérico que no es comparable con uno de marca.

Sobrecosto

Este ejemplo es muy frecuente, sobre todo en la construcción. Pongamos el ejemplo del tren México-Toluca, donde hay dos competidores finales. El primero presenta un presupuesto de 100 millones y el segundo, de 90. Lo normal es que el Gobierno se decida por el de 90 millones. La sorpresa viene después con los gastos indirectos. Se consideran indirectos a esos gastos adicionales que surgen en las obras o que no estaban considerados en el presupuesto original. Pensemos que durante la obra, el Gobierno decide hacer una modificación en el trayecto o quiere agregar una estación adicional en algún tramo del recorrido o decide cambiar los materiales de los rieles por otros de mayor calidad. En ese momento la constructora se aprovecha para elevar el presupuesto de una manera exagerada. Esas modificaciones ya no están sujetas a licitación y, es ahí donde los sobrecostos son altísimos. Hay obras que se van al doble o al triple de la cotización original.

Retomando el tema del tren México-Toluca te tengo los datos que publicó el diario ***La Jornada*** el día 23 de mayo de 2020. La SHCP autorizó el proyecto en 2013 con una inversión de 49,082 millones de pesos y se planeó la entrada en operación para

2018. Las conclusiones del análisis del informe de resultados de la Cuenta Pública 2018, elaboradas por la Cámara de Diputados, identificaron que el proyecto de inversión original registra un sobrecosto de 18,633 millones de pesos, cifra que se suma al incremento de 8,371 millones por concepto de construcción de infraestructura y ambos conceptos totalizan más de 27,000 millones. Lo más lamentable es que no sabemos cuándo entrará en funcionamiento.

Márgenes muy bajos

Los precios tan bajos que necesitan ofrecer las empresas para poder venderle al Gobierno han hecho que muchas quiebren. Es complicado trabajar con márgenes tan bajos, pues cualquier eventualidad que suceda puede significar el fracaso del negocio. Es muy común que el principal culpable sea el mismo Gobierno, que rara vez paga a tiempo y en forma.

e) TRAMITOLOGÍA

Si hay algo difícil en México es emprender un negocio. La gran cantidad de trámites son un verdadero viacrucis. Mas allá de fomentar la creación de nuevas empresas, parece que las autoridades se empeñan en todo lo contrario. Es muy desmotivante para los empresarios encontrarse tantas trabas.

En el ***Índice de Competitividad Global*** (2017-2018), realizado por el Foro Económico Mundial, la ineficiencia en la burocracia gubernamental se mantiene como el tercer factor más problemático para hacer negocios en México, solo por debajo de la corrupción y del crimen organizado. El 87 % de los países evaluados tienen cargas regulatorias menores que México.

Como menciona un boletín de la COPARMEX con fecha del 8 de enero de 2018, en nuestro país, para obtener un permiso de construcción, se realizan en promedio 14.7 trámites y se invierten 82.3 días, lo que representa un 9.9 % del valor de la construcción.

De acuerdo a la ***Encuesta Nacional de Calidad Regulatoria e Impacto Gubernamental***, una de cada cinco unidades económicas del país considera que el marco regulatorio es un obstáculo para alcanzar el éxito. Ante esto se presentan dos grandes problemas. Uno de ellos evita que existan nuevas empresas. Es tan complicado abrir un negocio y seguir sus regulaciones, que los emprendedores desisten en su intento de seguir en la lucha. El otro gran problema es que esto orilla a la informalidad.

Los negocios que funcionan fuera del marco legal no tienen que realizar trámite alguno. No pagan impuestos de ninguna índole y de la misma manera, sus trabajadores no cuentan con prestaciones de ley, tales como seguridad social, vacaciones, reparto de utilidades y derecho a una vivienda. De esta forma, tanto el Gobierno como los trabajadores se ven seriamente afectados.

Recuerdo el caso de una panadería que contaba con 60 empleados y que pagaba puntualmente la renta, agua, luz, gas, aguinaldos, vacaciones, IMSS, INFONAVIT, telefonía, papelería, limpieza, sindicatos, impuestos y transporte. Enfrente había un expendio de pan trabajando en la informalidad.

La empresa formal, establecida desde hacía más de 40 años, competía diariamente en desventaja contra el sector informal. Sus productos, por razones obvias, eran más caros. Aún así, la panadería vendía mejores productos y más frescos, lo que le permitía mantenerse en operación.

Cuando había revisiones por parte de las autoridades, la panadería tenía que lidiar para solventar varios problemas, mientras que el expendio no tenía ninguna inspección porque ni siquiera estaba registrado. No existía ante la Ley y, por lo tanto, no tenía que cumplir ningún requisito legal.

Finalmente, la fuerte carga de gastos obligó a sus dueños a cerrar la panadería no sin antes liquidar impuestos, sueldos, créditos bancarios, deudas, etc.

En este ejemplo encontramos dos grandes problemas. Primero, un exceso de trámites ahogó a la empresa hasta el punto de tener que cerrar porque sus costos operativos eran mucho más altos que los del expendio de enfrente. Segundo, el expendio ganó la batalla y, ni aun así ha podido crecer. Su informalidad no le permite el acceso a créditos para ser más grande. Sus empleados son desleales porque no tienen apego a la empresa, la calidad de sus productos es muy mala, emplea gente poco capacitada, no puede vender a empresas establecidas porque no puede emitir facturas, y, por último, no aporta nada a la sociedad ni al erario.

La pregunta que faltaría hacer es si ese expendio en algún momento intentó entrar a la formalidad o no. Si lo intentó y no pudo, es por todos los trámites y costos que esto representa. Si no lo intentó, es porque era más rentable seguir en la informalidad. El resultado final es una empresa quebrada y una tienda mediocre que le quitó la oportunidad a la otra para crecer en un terreno de igualdad.

El Gobierno debe crear condiciones favorables, sencillas y prácticas para la apertura de nuevas empresas. Debe ser capaz de ofrecer condiciones para que existan negocios que tengan utilidades razonables. La tramitología, por lo tanto, fomenta la informalidad y desincentiva el trabajo formal.

Si te animas y decides abrir un negocio, te regalo una frase del Sr. Buxton Thomas Fowell , congresista inglés de mediados del siglo XIX:

"Con un talento ordinario y una perseverancia extraordinaria, lo puedes conseguir todo".

CAUSA 4 LA GENTE

a) ¿POR QUÉ NO HAY SUPERACIÓN?

Si hay un lugar difícil para poder superarte ese es México. El país está perfectamente diseñado para que los ricos sigan siendo ricos y los pobres sigan siendo pobres. Remontémonos a épocas de la Revolución. Desde entonces vemos una sociedad dividida entre ricos y pobres. Esa división se alimenta de la frustración y del fracaso.

La gente pobre adolece de motivación para superarse. La falta de oportunidades y su poca educación los limita para tener buenos trabajos. Por eso la importancia de una buena educación, para lograr que las cosas mejoren. Un joven, con una educación precaria, rara vez tendrá una oportunidad de superación porque no existen las condiciones para lograrlo. Una educación de calidad requiere de amplios conocimientos en muchas materias. El sistema educativo público en México es muy básico. Sus fundamentos son demasiado elementales y no generan el interés de las personas.

La educación pública no cuenta con los recursos para invertir en tecnología e investigación; los programas educativos son arcaicos y obsoletos. Si comparamos los planes de estudio de una escuela pública en México y una escuela pública en Dinamarca, veremos un abismo de diferencia. En

México, esa brecha es muy evidente entre la educación pública y la privada. De ahí que la superación sea muy difícil. La oportunidad de crecimiento prácticamente es nula y, por lo tanto, los estudiantes no podrán desarrollar sus talentos.

Los maestros son otro aspecto importantísimo. Reciben sueldos muy bajos y no están motivados ni preparados como para provocar un cambio auténtico en sus alumnos. Un profesor mediocre le transmite a sus alumnos conocimientos mediocres. Una vez que el alumno termine sus estudios, será difícil que consiga un buen trabajo. Todavía será más complicado emprender su propia empresa. No le gusta el riesgo, tiene miedo y nunca se preparó para eso. La superación es el resultado de una suma de factores como educación, motivación, oportunidades, momentos, lugares, pensamientos e ideas.

¿Por qué Estados Unidos tiene a los hombres más ricos del mundo? Porque desde pequeños cuentan con el apoyo del Gobierno. Este pone las bases y los recursos para lograrlo y las empresas reclutan a los mejores. Fomentan una sociedad competitiva y exitosa.

En México, la historia de la niña Paloma Noyola es una historia conmovedora de superación, y al mismo tiempo, un claro ejemplo de lo difícil que es conseguirlo. Paloma nace en Matamoros dentro de una familia muy humilde y en una zona marcada por el narcotráfico. Esta niña de 12 años ha conseguido el primer lugar en un examen de matemáticas en el que participaron más de 13 millones de estudiantes de todo el país. La han llegado a considerar la "futura Steve Jobs". Desde pequeña su familia invirtió todos sus recursos y esfuerzos para ofrecerle alguna oportunidad. Sergio Juárez, profesor de Paloma y principal responsable del éxito de la niña, pide más ayuda a los gobiernos para la educación. Él mismo dice: "Si Paloma tuviera las mismas oportunidades o las puertas abiertas como Steve Jobs, probablemente sería un genio en su materia". Paloma, así como otros niños brillantes, demuestra que con ganas y esfuerzo casi todo se puede.

b) RICOS CONTRA POBRES

Un mundo ideal sería aquel donde todos fuéramos iguales. Si eso es prácticamente imposible, desearíamos que por lo menos hubiera muchos ricos y pocos pobres. La realidad es que la distribución de la riqueza, en todo el mundo, siempre ha sido muy inequitativa.

Se estima que la población en situación de pobreza en México es aproximadamente del 65.1 % y los gobiernos poco han hecho por disminuirla. De la misma manera los gobiernos del mundo entero se comportan de manera similar. Un dato que demuestra este concepto nos indica que el 1% de las personas más acaudaladas del mundo acumulan el 82 % de la riqueza. Con el paso de los años, la brecha entre ricos y pobres es cada día mayor.

Por otro lado, la mitad de los pobres no tuvo ningún incremento en sus ingresos. Esto nos habla simple y sencillamente de sistemas fallidos. Solamente los 50 hombres más ricos del planeta tienen más dinero que la mitad de la población mundial.

Como lo publica el diario ***El Financiero*** del 23 de abril de 2018, México es el segundo país con más millonarios en América Latina, solo por detrás de Brasil. Cuenta, con al menos, 50 personas con más de 500 millones de dólares.

México pertenece al 25 % de los países con mayores niveles de desigualdad en el mundo. Mientras los pobres perciben

101 pesos por día, los ricos obtienen en promedio 1850; es decir, 18 veces más. Otro dato importante nos indica que el 1 % de la población en México; es decir, 120,000 personas aproximadamente, concentran alrededor del 43 % de la riqueza nacional.

Las mujeres, en promedio, perciben 60 % menos de salario que los hombres. El porcentaje de ingreso diario de los hombres ronda los 244 pesos, contra los 155 de las mujeres.

Más estadísticas interesantes nos las proporciona el diario ***El Economista*** en 2020. Nos dice que los mexicanos que nacen pobres en el norte del país tienen casi 3 veces más posibilidades de ascender en su estrato social, que un pobre en el sur de la república. Mientras en el norte solo el 23 % de los que nacieron pobres se quedan pobres; en el sur, el 67 % de ellos permanece así toda su vida. Solo el 2 % de los pobres en el sur logran cambiar a un estrato socioeconómico de mayores ingresos; en el norte, sin embargo, es el 8 %. Un último dato escalofriante nos indica que 6 mexicanos tienen más dinero que el 50 % de la población. Es decir, 6 individuos perciben lo mismo que 62 millones de personas.

Tenemos un problema con la mala distribución de la riqueza en todo el mundo y México no es la excepción. Grandes monopolios y oligopolios han llegado a concentrar lo mismo que anteriormente se distribuía entre muchas empresas más pequeñas. Al ser unos gigantes, han ido comiendo y desapareciendo a las pequeñas industrias. Los gobiernos son los culpables de que eso haya sucedido. Dejaron poco a poco esta concentración en manos de ciertas empresas, sin defender a los pequeños empresarios.

Hoy la situación es ya muy complicada. La COFECE es la encargada de regular la competencia justa y equitativa, pero más allá de eso, el Gobierno sistemáticamente sigue apoyando a los grandes empresarios y se convierten en cómplices, entregándoles los grandes contratos, las grandes licitaciones y los grandes proyectos.

En nuestro caso, la idiosincrasia nos limita todavía más. El mexicano se conforma con lo que tiene, sin pensar en superarse. Está resignado porque sabe que no hay posibilidad de salir de la pobreza. Los pobres ven al rico en un estatus imposible de alcanzar. Desde que el pobre va a la escuela, la brecha en la calidad de conocimientos los limita para poder ser como ellos. El tiempo, poco a poco, los va separando cada vez más.

Normalmente y por lógica, el rico se relaciona con otros ricos. A nivel social y económico así sucede y eso hace que los ricos sean más ricos y los pobres, más pobres. La concentración de la riqueza es motivo de enojo y de frustración. Es una injusticia que pase aquí y en todo el mundo. Esto tiene que cambiar y debe ser pronto.

La pobreza obedece a una serie de condiciones históricas, sociales y culturales que conllevan deficiencias educativas significativas como la educación sexual y reproductiva. Los pobres son más propensos a embarazos precoces y a la familia no planificada, disminuyendo así sus posibilidades de superación. Su situación precaria los lleva a una desnutrición y así crecen menos sanos y por lo tanto, dan paso a generaciones más débiles que las de sus predecesores. Ser el país con el mayor número de obesidad infantil es claramente un símbolo de pobreza. Un Gobierno con escasos recursos invierte poco en deporte y en otras actividades esenciales para el desarrollo del ser humano.

Otros problemas directamente relacionados con la pobreza son el crimen y las drogas. La situación precaria los invita a ser delincuentes, ladrones, sicarios, asesinos y narcotraficantes. Pensemos en un capo de la droga que nace en el seno de una familia pobre sin posibilidades de crecimiento. Este individuo no tiene la educación ni la cultura para convertirse en otro tipo de persona. Se mueve en un entorno violento, inseguro y lleno de frustración. Es tentado a ser un delincuente porque no tiene otra opción. Cuando la vida le ofrece solo ese camino, lo toma y se aferra a él. Sabe que está mal y que tiene mucho que perder, pero es su única oportunidad.

Así como la criminalidad, nos encontramos con el machismo. Atrás de esto hay una pobreza cultural que se le ha inculcado a los niños: el hombre es el macho que puede agredir a la mujer, que la puede humillar y que puede hacer con ella lo que quiere.

El Gobierno y la sociedad tienen la obligación inmediata de buscar y encontrar soluciones para poder acabar con la desigualdad, para disminuir la brecha entre ricos y pobres. ¡No queremos pobres, queremos una nación de ricos!

c) SOBERBIA DE LOS RICOS Y RABIA DE LOS POBRES

Los siete pecados capitales son una clasificación de los vicios mencionados en las primeras enseñanzas del Cristianismo para educar a sus seguidores acerca de la moral. Cuando hablamos de "capitales" no nos referimos a la magnitud del pecado, sino a que dan origen a muchos otros. La naturaleza humana está principalmente inclinada hacia ellos.

Los vicios o pecados pueden ser catalogados según las virtudes a las que se oponen. Aplica en el Cristianismo, pero de la misma forma aplica en la vida en general. Así por ejemplo, si yo hablo de pereza se contrapone a la virtud de la diligencia. Por lo tanto, a la soberbia se contrapone la humildad; a la avaricia, la generosidad; a la lujuria, la castidad; a la ira, la paciencia; a la gula, la templanza y a la envidia, la caridad. ¡Qué mejor enseñanza para vencerlos que las propias virtudes que buscan el bien común, la paz, la ayuda y el respeto al prójimo!

Así observamos, por un lado, la soberbia que tienen los ricos y la rabia, la ira y la envidia que sienten los pobres. Esta relación encontrada nos lleva a una situación de encono y distanciamiento entre los seres humanos. Considero que esta lejanía impide que crezcamos como sociedad y por ende, como país. Un engranaje perfecto requiere que todas sus partes funcionen al mismo tiempo en beneficio de un bien común. Cuando tú no consigues que todo embone de forma precisa, comienzan a darse fallas en el mecanismo. Se necesita que toda esa gente esté en la misma sintonía, que trabajen al parejo, que se apoyen unos a otros para que esa máquina funcione perfectamente. Suena imposible y de hecho es imposible porque el ser humano no es perfecto. No podemos pedir la perfección, pero sí podemos intentarlo. Precisamente las grandes democracias han llegado a entender que, a pesar de las diferencias de pensamiento, se puede llegar a consensos en beneficio de todos.

En México, la diferencia entre ricos y pobres no se ha podido superar a lo largo de su historia. El rico ha sido prepotente con el pobre. Su soberbia no le permite convivir con el pobre porque en el fondo así lo desea. Al rico le gusta humillar al pobre, tratarlo mal. Más allá de lo económico, le refriega que es pobre, que no va a salir de ahí y que lo poco que tiene se lo debe a él. Ese rico, por lo tanto, no ama a México ni a los mexicanos, se ama a sí mismo y sobre todas las cosas. Piensa de esa forma porque su cultura ancestral lo orilla a ser así. Acostumbrado a ser el mexicano sumiso, súbdito, dominado, una vez que encuentra la riqueza saca a relucir sus traumas. Por el contrario, el pobre ve en su prójimo la fuerza para salir adelante, para ser mejor persona y por lo tanto, mejor ciudadano. El mexicano rico no es generoso. Sorprendente sería ver algún día a un multimillonario donar el 80 o 90 % de su riqueza a los pobres, como sí lo han hecho en otros países.

> La Real Academia define a los filántropos como aquellos que se distinguen por el amor a sus semejantes y por sus obras en bien de la comunidad. Implícitamente la filantropía se asocia a grandes riquezas que regalan

cifras muy elevadas. Luchar contra la pobreza, mejorar las infraestructuras e instalaciones en zonas desfavorecidas, crear empleo e impulsar la educación son causas que habitualmente persiguen los filántropos. De alguna forma, hacer que otros vivan mejor, que el mundo esté mejor, se convierte en su forma de ser felices.

En la cumbre anual de filantropía ***Forbes 400*** celebrada en junio de 2020, los 244 filántropos más destacados a nivel mundial debatieron sobre las formas de sumar fuerzas para potenciar una verdadera igualdad de oportunidades y atención sanitaria. Los resultados son impactantes.

- El 70 % de ellos se dejan guiar por sus valores personales
- El 36 % lo hace por fe
- El 35 % por responsabilidad
- El 32 % por su legado familiar
- Un 31 % porque desean aportar valor a la sociedad

Solo por curiosidad te diré cuáles son algunos de los filántropos más importantes del mundo:

- Bill Gates ***(Microsoft)*** ha donado 45,500 millones de dólares
- Mark Zuckerberg ***(Facebookj)*** pretende donar el 99 % de su riqueza gradualmente
- Warren Buffet ***(Berkshire)*** 70,000 millones de dólares
- George Soros ***(The Open)*** 32,000 millones de dólares

Estos personajes no guardan su dinero para un futuro. Quieren causar impacto ahora. Las fundaciones que existen en México necesitan estar más involucradas con la sociedad. Requieren de mayor dinamismo y apoyo para la gente necesitada. Muchas de estas obedecen a intereses corporativos y no a una ayuda libre y desinteresada.

El rico debe de entender que las circunstancias de la vida lo han puesto en un lugar privilegiado y que su amor por México y por el prójimo deben ser más importantes que el bien personal. Esta ayuda debe ser siempre desinteresada.

El mexicano ha soportado ver a los ricos vivir en la opulencia. Es un ser paciente y generoso, pero todo tiene un límite. En los últimos años vemos a una sociedad desesperada por salir adelante, por cambiar y por crecer. En ese afán busca líderes que no mejoran en absoluto su situación. Deposita su confianza en algún político que, con falsas promesas, le hace creer que es la salvación, pero en realidad solo le interesa hacerse rico, sin acordarse de los pobres.

El pobre tiene una rabia guardada en su interior y la exterioriza en cuanto tiene la oportunidad. Por eso, cuando consigue subir de nivel, adopta el papel del rico miserable, en vez del rico generoso.

d) ENVIDIA

La envidia es un sentimiento que provoca dolor o desdicha por no poseer uno mismo lo que tiene el otro: bienes, cualidades superiores o cualquier otra clase de cosas tangibles e intangibles.

El envidioso siente rivalidad con los demás y la necesidad de atacar constantemente para defenderse. Esta actitud es contraproducente en todos los sentidos, sobre todo, porque no logra generar empatía. La gente, por naturaleza, en algún momento siente envidia. Sin embargo existe lo que llamamos "envidia de la buena" y "envidia de la mala".

La "envidia de la buena" es reconfortante y hasta constructiva porque es una aceptación de que algo o alguien es mejor que tú. De ahí se genera una madurez para interpretar el éxito del otro y poderte situar en un lugar más cercano para tú también lograrlo. En conclusión, la "envidia buena" nos hace reflexionar y ser mejores personas.

La "envidia de la mala" conlleva emociones que contaminan y al mismo tiempo afectan nuestras relaciones y lleva a la destrucción del crecimiento personal. Está asociada a la angustia, a la rabia, a la frustración y al odio, lo cual significa sentir un malestar ante la felicidad ajena. Porque el envidioso no desea lo que tiene la otra persona, lo que quiere es que lo pierda.

Leyendo algunos artículos de psicología llego a la conclusión de que la raíz de la envidia aparece en la infancia. Cuando los padres comparan a sus hijos entre sí o con otros niños, los convierten en envidiosos crónicos.

Es más sano admirar que envidiar. Si alguien tiene éxito, se debe aprender de él. No compitas con nadie sino contigo mismo. Ten envidia, pero de ti mismo, para que en ti veas las cualidades y defectos y puedas salir al mundo sin complejos. La rabia y la frustración desaparecerán en la medida en que te valores por lo que eres. No te compares con nadie ni permitas que nadie te compare con otros y libérate de la crítica. Al criticar lo que otros tienen inviertes una gran cantidad de energía en vez de enfocarla en ti mismo.

La envidia es un mal común que tienen todos los seres humanos. El mexicano, por supuesto, no es la excepción y considero que es un obstáculo para su crecimiento. Es un tema psicológico y de actitud, difícil de medir.

Pensemos, por ejemplo, en la cancelación del Nuevo Aeropuerto Internacional de la Ciudad de México en Texcoco. Un proyecto de clase mundial, detonante definitivo para la economía, con un 35% de avance en su construcción. Sin importar los argumentos, es evidente que fue un tema de envidia el que orilló a suspenderlo. Recuerda que la envidia es una emoción negativa y por eso el aeropuerto no se continuó, porque hubo gente que no quiso aceptar que era un proyecto exitoso. El envidioso quiere el fracaso del otro y por eso el actual Gobierno lo canceló, porque iba a ser un éxito de la Administración anterior. Un artículo del diario ***El País*** en 2019 lo menciona muy claramente. Formamos parte de una sociedad que tiende a condenar el talento. Uno de los mayores miedos de los seres humanos es sobresalir, diferenciarse del resto y no ser aceptado.

La cuestión es que cuando posees ciertas cualidades como el carisma, la creatividad o la autodisciplina, son suficientes por sí solas para que algunas personas se ofendan y te envidien.

Cuando los políticos discuten, sin escuchar argumentos, llegamos a la conclusión de que la barrera que los separa es la envidia y el miedo al fracaso. Tal parece que todas las decisiones que toman se basan en sentimientos y emociones.

No olvidemos que la envidia forma parte de los 7 pecados capitales. El talento, la suerte, el trabajo, el amor, el dinero, la belleza, la felicidad, la libertad son cualidades susceptibles de ser envidiadas consciente o inconscientemente. La envidia, por tanto, es la defensa de los fracasados, de aquellos que debido a su notorio grado de inmadurez, hacen uso de malas artes con el fin de desahogar su frustración, producto de complejos y de traumas. Dejémosla de lado porque el daño que nos hace es incalculable. Olvidemos el resentimiento, el odio y la ignorancia e intentemos tener una madurez que nos permita afrontar las situaciones de la vida de una mejor manera. Como dijo el célebre Napoleón Bonaparte: "La envidia es una declaración de inferioridad".

e) EL DINERO ANTE TODO

Para bien o para mal, el dinero se encuentra siempre presente en nuestras vidas. Es el medio que permite en todo tipo de sociedad, que tanto los bienes terminados, como los que se encuentran en proceso de producción, sean intercambiados unos por otros. Es el común denominador de la vida moderna; es la fuerza que permite intercambiar los bienes y los servicios de la comunidad en una forma ágil y precisa.

El "dinero para bien" es aquel que nos sirve para obtener un producto o beneficio: "gracias al dinero, pude pagar la operación de mi hijo". El "dinero para mal" es aquel que nos afecta por alguna razón y por el que se han perdido muchos valores.

Cuando decimos que una persona es rica damos por sentado que tiene mucho dinero. Y con ese dinero se pueden hacer muchas cosas. El crédito, entendido como una promesa de pago futuro, es también una forma de dinero.

Otra cosa bien importante es el valor real del dinero. Este queda determinado por su poder adquisitivo, el cual se determina en gran parte por el volumen de dinero en circulación. Si por ejemplo, voy a comprar una casa en un mercado donde no hay mucho dinero, es probable que consiga mejor precio. Por el contrario, si estoy en un mercado donde hay mucho dinero, el costo de esa misma vivienda será mucho mayor.

Pongo otro ejemplo. Quiero comprar un departamento en la Ciudad de México que cuesta 2 millones de pesos. Un tiempo después, a causa del COVID, la gente no tiene dinero. Ese departamento costaría 1.8 millones de pesos; es decir, 200 mil pesos más barato. La ley de la oferta y la demanda fue la que determinó el valor real del dinero.

Otro término es "el valor del dinero en el tiempo". Pensemos que quiero comprar ese departamento, pero no tengo los recursos. Recurro a un crédito, pero tendré que pagar un sobrecosto por intereses. Finalmente el costo sería de 2.3 millones. "El valor del dinero en el tiempo" es un concepto económico basado en la premisa de que un inversor prefiere recibir el pago de una suma fija hoy, en lugar de recibir el mismo valor nominal en una determinada fecha futura. Esto es porque el inversor podría reinvertir ese monto y recibir en el futuro intereses y ganancias. Al término del crédito le pagaré al banco 2.3 millones de pesos, pero mientras tanto, ese préstamo de 2 millones, me generó en otras inversiones 2.8 millones de pesos.

Vivimos en un mundo donde los temas del día giran en torno al dinero: "es que no tengo dinero, es que necesito dinero, es que gano poco dinero".

Es un mundo monetizado en el que se le da demasiada importancia. El objetivo fundamental de la gente es tener dinero para ser exitoso.

Hemos dejado de valorar otras cosas, tanto o más importantes que el dinero. Pensemos en la honestidad, en el respeto, en la responsabilidad, en la disciplina, en la lealtad, en la prudencia, en la amabilidad, en la solidaridad, en el aprendizaje, en la confianza, en el liderazgo, en la empatía, en el disfrute de la vida, en el optimismo, en la humildad, en la imaginación, en la madurez, en el compromiso, en la generosidad, en la organización, en la creatividad, en la actitud, en la sinceridad, en el sentido del humor. Todos estos valores no se compran con nada y nos hacen más felices. Para un padre será más importante pasar más tiempo con sus hijos. Así nos damos cuenta que el dinero no lo es todo. Este es la consecuencia de hacer bien las cosas; es entonces cuando realmente se disfruta y se valora.

En México y en el resto del mundo el amor al dinero es un mal. Los gobernantes se mueven por interés y no por ideales. Hacen del poder un negocio para enriquecerse en lugar de utilizarlo para el bien de la comunidad.

Cuando uno ama al dinero, lo convierte en su amo y es capaz de robar, mentir y matar para obtenerlo. Se prioriza sobre todas las cosas. El tema del dinero es un asunto bien complejo porque lleva intrínseco una serie de aspectos morales, religiosos, psicológicos, sociológicos muy interesantes y relacionados entre sí.

Aunque se sabe que el dinero es algo necesario, no significa que sea el eje central de nuestras vidas; sin embargo, el mexicano ha perdido gran parte de sus valores a lo largo de los últimos años. Es más difícil encontrar al campesino humilde, al policía generoso, al médico servicial, al taxista amable y al político humilde. Los valores se han trastocado. Como me decía un buen amigo: "Hasta los narcotraficantes antes eran más elegantes, vestían mejor, respetaban las reglas y ayudaban a su comunidad".

Nos encontramos ante un panorama difícil y complejo. Estoy a favor del libre mercado, donde las naciones sean ricas, así como su gente. La cuestión es que seamos ricos también como personas y como sociedad. Para lograrlo hay que trabajar, ser inteligentes, creativos, honestos y humildes. Aquel que hace las cosas bien, por consecuencia será rico en todos los aspectos.

El mexicano tiene que entender que otras naciones como Alemania y Japón son prósperas porque han trabajado con perseverancia y honestidad. Ellos, con base en la cultura del esfuerzo, lograron ser las potencias que son hoy. Nosotros hemos perdido esa noción. Necesitamos buscar ese cambio radical en la forma de ver y de hacer las cosas, para que el desarrollo y la prosperidad sean nuestras metas.

f) CONFORMISMO

El panorama de una persona conformista es desalentador. Cuando hablamos de conformismo nos imaginamos a una persona que no busca algo más porque vive feliz con lo que tiene y no necesita esforzarse. Quizá no vive tan feliz, pero cree que con eso le basta. Es una forma mediocre de ver la vida. Sin embargo, no confundamos estar conforme con conformismo.

Conformismo es la actitud de aquellas personas que aceptan sumisamente y con resignación cualquier circunstancia injusta o adversa. Es una actitud negativa de aceptación de los acontecimientos cotidianos sin ánimo de lucha; sin embargo, estar conforme es una actitud positiva porque implica estar de acuerdo con lo que nos sucede después de haber luchado.

El individuo por naturaleza siempre busca la superación. Pensemos en el caso de un deportista de alto rendimiento. Por naturaleza va a querer ganar y, por ende, entrenará más fuerte, comerá más sano y hará todo lo necesario para lograrlo. Sería muy absurdo que no lo hiciera bajo ese argumento. Por su parte, un empresario se prepara para abrir un nuevo negocio. Para eso trabajará arduamente. Así es la naturaleza del ser humano. Estamos hechos para crecer y mejorar. De no ser así, seguiríamos moviéndonos en carretas y no existirían los coches.

El pueblo mexicano, en general, se ha vuelto conformista, puesto que ha ido cediendo en función de las creencias de los demás. Esto a su vez tiene un impacto en su autoestima. Se siente menos que los demás debido a que sus pensamientos poco a poco empiezan a perder importancia y termina por construir una visión mediocre y triste de la vida.

Durante siglos el mexicano ha sufrido muchísima opresión sin poder recuperarse. Se vuelve fácilmente conformista como resultado de la presión física o simbólica ejercida por un líder. No busca su propio bien, sino que decide quedarse donde le dicen los demás. Tengan o no tengan los otros la razón, él los obedecerá.

La gente es conformista por muchas razones. Quizás la más importante es porque ha tratado de salir de ese estado, pero no ha podido. Es muy probable que un conformista esté harto de sus políticos, pero no lo demuestra en las urnas. El conformismo de la gente es una muestra de debilidad, de resignación, de humillación y de tristeza. Es una forma de afrontar la vida diaria.

"Es que soy pobre y no podré dejar de serlo". Conformismo o realidad, lo que sí es un hecho es que no vas a salir adelante si no luchas. El ser pobre no te impide luchar para dejar de serlo. No por estar enfermo, significa que te dejarás morir. No por ser mayor significa que eres un inútil.

Otros países han sobrevivido a varias guerras y son grandes potencias. Se levantan para volver a surgir. El mexicano se hunde fácilmente en su desgracia porque no es capaz de valorar lo que tiene enfrente. Hay muchos problemas indudablemente, pero también muchas oportunidades.

Nos encanta ser las víctimas, quejarnos de todo y no hacer nada para salir adelante. Tenemos oportunidades de emprender buenos negocios y, sin embargo, nos gana la desidia y el miedo. Preferimos tomar vacaciones antes que un trabajo. Desperdiciamos nuestro talento para ocuparlo en banalidades. Desde la época de los aztecas, el mexicano ha sido siempre un hijo maleducado, sumiso, pero en ocasiones rebelde, que solo hace lo indispensable. No cambiará mientras no cambie su mentalidad.

Deberíamos de copiar los métodos que aplicaron los japoneses y los alemanes después de la Segunda Guerra Mundial. No es que ellos sean más listos o más trabajadores; sin embargo, su mentalidad es completamente diferente a la nuestra.

El conformismo que existe en México lo lleva a ser un país con una gran pérdida de su individualidad, lo que le supone renunciar a una forma de pensar más alentadora. Nos sentimos menos de lo que somos y, por lo tanto, no rendimos lo que podemos. Nos quita autoridad ante todo el mundo y ante nosotros mismos y finalmente nos orilla a no tener una iniciativa propia ante los desafíos diarios. Alguien dijo una vez que lo único que necesita el mal para triunfar es que los hombres no hagan nada.

g) INFORMALIDAD

Estamos ante uno de los problemas más grandes que enfrenta nuestro país: la informalidad. Engloba a todas aquellas ocupaciones y formas de producción que son ejercidas por personas o empleados que reciben ingresos, cuyas condiciones de trabajo no se encuentran reguladas por un marco legal.

La gente que trabaja en la informalidad es aquella que no paga impuestos de ningún tipo. Al no estar registrada como contribuyente, no es susceptible de pagar impuestos como el ISR, el IVA y otras contribuciones como el IMSS y el INFONAVIT. Por lo tanto, el informal tiene grandes beneficios porque no paga impuestos y tampoco tiene obligaciones.

La informalidad es un cáncer para esta nación. El ambulantaje se establece en las calles sin permiso alguno. Además de no pagar impuestos genera una competencia desleal con aquellos que sí están bien establecidos y regulados por la Ley. Genera muchos problemas. Uno de ellos es la invasión de espacios públicos. La mayoría no paga luz. Otros trabajan con tanques de gas sin las más mínimas medidas de seguridad. Generan tráfico, pues obstruyen calles y avenidas. Fomentan un ambiente hostil y violento. Urbanísticamente son una desgracia y los hay por doquier. La mayoría son puestos de comida que no cumplen con controles de higiene y de limpieza. Los gobiernos son muy laxos para imponerles sanciones. Hay mafias atrás de ellos que dificultan acabar con esta actividad.

Otro tipo de informalidad es aquella que engloba a todas las personas que trabajan desde casa brindando productos y servicios a negocios formales e informales. Pensemos en gente que vende ropa, artículos de belleza, etc. Para fines prácticos es igualmente dañina. No se sabe de ella porque no se ve y tampoco existe ante la autoridad. Ambas reflejan el fracaso de nuestra economía. Generalmente son negocios familiares que están destinados al fracaso.

¿Pero, por qué vivimos en la informalidad? Según el INEGI, 57 % de los mexicanos que desarrollan un trabajo lo hacen en la informalidad. Para la revista ***Foro Económico,*** se debe a la ausencia de un Estado de Derecho plenamente funcional. La razón con más peso es que se trata de una respuesta natural de la economía de mercado a una regulación laboral y comercial excesiva y disfuncional. También se le atribuye a una perspectiva de evasión fiscal y a la prevalencia de la extorsión para obtener el apoyo político de esos grupos. En conclusión, dice la revista, que la evidencia sugiere que hay varios motivos para preocuparse seriamente por la informalidad. Probablemente es un canal por el que la carencia de un Estado de Derecho plenamente funcional lleva a nuestra economía a tener bajas tasas de crecimiento de la productividad, con consecuencias dramáticas en el largo plazo. Yo opino que la informalidad es el resultado absoluto de un gobierno fallido. Es uno de los errores más grandes y más perjudiciales para la nación.

El mexicano tiene arraigadas muy malas costumbres: le gusta comer en la calle, comprar en mercadillos y le encantan los tianguis. No le preocupa la higiene ni tampoco si lo que compra es robado o no. Verlo en los mercados nos remonta a la época prehispánica. No cabe duda que es una herencia de siglos. Se ha olvidado de vivir dignamente y se conforma con lo mínimo. Por eso afirmo que somos y tenemos lo que nos merecemos y seremos lo que no defendamos. Hemos perdido tanto que nada nos importa. Los políticos se han visto muy beneficiados porque esa gente les entrega su voto. Es un camino completamente erróneo que no abona nada bueno para el país. Es molesto ver tanto comercio informal en las calles. ¿Acaso la gente que trabaja ahí no estaría más contenta trabajando en una empresa? Este enfermo llamado México tiene en la informalidad a su peor enemigo.

El Gobierno constantemente emite los datos del desempleo en el país. En los últimos años, según sus cifras, fluctúa entre un 3 y un 5 % de la población económicamente activa. Te informo que ese cálculo es erróneo. El desempleo ronda aproximadamente el 60 % si tomamos en cuenta la siguiente fórmula muy sencilla:

57 % en la informalidad + 3 % sin empleo = 60 %

Países como España tienen una tasa de desempleo del 14.7 %, pero con la gran diferencia de que toda su población paga impuestos. Es un porcentaje alto, pero comparado con México es insignificante.

2ª PARTE
EL CÁNCER DE MÉXICO

Tres son los cánceres que tiene nuestro país: la corrupción, la impunidad y la falta de amor por México. Estos tres aspectos nos hablan de un paciente que conoce su enfermedad, pero que poco hace por combatirla, pues estos le generan a la clase política grandes beneficios económicos. Analizo los hechos con base en la intuición y en la lógica. Considero que estos tres cánceres se originan a partir de sistemas complejos de gobernanza.

El principio ***kiss***, del inglés: keep it simple, stupid (mantenlo sencillo, estúpido) es un acrónimo usado como principio de diseño. Establece que la mayoría de los sistemas funcionan mejor si se mantienen simples que si se hacen complejos; por ello, la simplicidad debe ser mantenida como un objetivo clave de diseño y cualquier complejidad accidental debe ser evitada. Tiene su origen en el ***marketing*** y las presentaciones de ventas, para ser utilizado después en el desarrollo de sistemas, sobre todo, para evitar que los sucesivos desarrollos en los diseños se complicaran. Este principio se registra por primera vez en la Marina de los Estados Unidos en 1960 y se atribuye principalmente a Kelly Johnson, ingeniero jefe en la compañía ***Lockheed Stunk Works***.

Las cosas en su esencia son sencillas; el hombre, en su afán de protagonismo, las hace difíciles y es cuando todo se complica. A lo largo del libro he dado soluciones sencillas, prácticas y sin mayor complejidad y lo hago de esa forma porque, en su esencia, así es. La administración de un país ya de por sí es muy compleja, como para hacerla más difícil todavía. Los políticos se empeñan en hacerla así y los resultados están a la vista de todos.

En la primera parte definí claramente las causas que impiden que México pueda avanzar. En esta segunda parte menciono que el enfermo tiene tres tipos de cáncer. Cuando tenemos el diagnóstico y conocemos la enfermedad, es cuando podemos buscar el remedio para la cura. Espero que tu intuición, sencilla y práctica, vaya de acuerdo con la mía.

Termino citando la siguiente frase de Kevin Euvans, conocido guitarrista y compositor: "Las cosas simples de la vida me ponen a tierra y me mantienen enfocado para que pueda hacer un buen trabajo con lo que está frente a mí".

1) CORRUPCIÓN

La corrupción consiste en el abuso del poder para beneficio propio. Puede clasificarse en: corrupción a gran escala, corrupción menor y corrupción política.

Cuando hablamos de corrupción a gran escala nos referimos a aquella que se da en los niveles más altos del Gobierno, mientras que los actos menores de corrupción consisten en el abuso de poder que ejercen los funcionarios públicos de bajo y mediano rango al interactuar con ciudadanos comunes. Por último, la corrupción política se refiere a la manipulación de políticas, instituciones y normas de procedimiento en la asignación de recursos por parte de los responsables de las decisiones políticas, quienes abusan de su posición para conservar su poder, estatus y patrimonio. Cuando analizamos esta definición, inmediatamente identificamos a todas ellas porque forman parte de nuestra vida diaria.

En enero de 2020 ***Transparencia Internacional*** dio a conocer el ***Índice de percepción de la corrupción*** durante 2019. Este organismo registra la opinión de analistas, empresarios y académicos de todo el mundo sobre su percepción de la corrupción en 180 países. En 2019 México obtuvo una calificación de 29 puntos sobre 100 y se colocó en el lugar 130. Esto significa que estamos superreprobados. Nos encontramos en una situación vergonzosa pues es sabido que existe la corrupción en todos los niveles del Gobierno.

Es imposible hacer algún trámite si no hay de por medio algún soborno. Es corrupción: la información privilegiada, el tráfico de influencias, la evasión fiscal, la extorsión, el fraude, la malversación de fondos, el caciquismo, el compadrazgo, el nepotismo, etc.

¿Por qué en México hay tanta corrupción? Principalmente por falta de educación y de ética. Un niño que desde pequeño ha vivido rodeado de ella, se volverá partícipe de la misma cuando sea grande. Cuando se da cuenta que los demás se benefician con ella, él adopta el mismo rol, pues lo ve como algo normal. Tenemos un problema de principios y no sabemos distinguir entre lo que está bien y lo que está mal.

Otra causa que origina la corrupción es la falta de oportunidades. Personas con sueldos bajísimos cometen actos de corrupción para poder sobrevivir. Los burócratas reciben sueldos significativamente bajos, pero los compensan con corruptelas. Cualquier ilícito, por pequeño que sea, forma parte de un delito. El simple hecho de ser partícipe en un acto de corrupción, debería ser motivo de una sanción importante; sin embargo, nos hemos acostumbrado a verlo de una manera normal y, por lo tanto, ya no nos sorprende. Podemos afirmar que existe una severa falta de "la cultura del compromiso". La probabilidad de cometer un acto de corrupción y ser descubierto es mínima. Es más, sabemos que el riesgo de que se castigue es todavía menor. Por ello los actos de corrupción son constantes y cotidianos.

No hay transparencia en la información relativa a la utilización de fondos públicos para detectar actos de corrupción. Se habla de fiscalías y otros órganos controladores, sin que estos rindan cuentas a la sociedad. Seguimos esperando detenciones de funcionarios corruptos que ni siquiera son llevados a juicio. La corrupción a gran escala es aquella que involucra la desconfianza en las autoridades centrales y que pervierte el funcionamiento del aparato federal y estatal desviando recursos de montos enormes. Aquí nos encontramos, por ejemplo, con cárteles del narcotráfico que tienen la fuerza suficiente para corromper a los más altos cargos del Gobierno. Son grupos delictivos generadores de violencia y con gran poder económico, capaces de doblegar a las autoridades. Observamos actos de corrupción en la entrega de contratos para obras de infraestructura, en la construcción de carreteras, presas, aeropuertos, vías de comunicación, plataformas petroleras, escuelas y cualquier otra obra.

Por otra parte, la pequeña corrupción involucra a aquellos pequeños actos cotidianos. Nos encontramos con las clásicas "mordidas", con el pago de favores, con los permisos, con las licencias y con trámites que, por su índole y tamaño, se dan también de manera cotidiana. De una forma o de otra, el acto en sí es meritorio de algún castigo. La corrupción genera ineficiencia y distorsiones considerables. En el sector privado incrementa el costo para hacer negocios y, en el sector público, provoca el encarecimiento de sus proyectos.

En el aspecto ambiental y social, la corrupción nos lleva a una destrucción acelerada del medio ambiente porque los recursos destinados para su conservación se quedan en manos de la gente. Los encargados de proteger el medio ambiente son fácilmente sobornados. En el aspecto social nos encontramos con ayudas alimentarias a comunidades, pero en realidad los dirigentes se quedan con los productos que deberían de distribuir.

La corrupción ha hecho que la gente desconfíe completamente de los partidos políticos. La sociedad está harta de ver todos los actos de corrupción, al grado de no querer salir a votar sabiendo que, gane quien gane, se trata de la misma gente de siempre. Es por eso la falta de interés para participar en las elecciones.

La corrupción atañe también al sector salud. Hemos encontrado casos de fallecidos por falta de medicamentos, a sabiendas de que el Gobierno no ha hecho nada por suministrarlos a tiempo. Vemos casos de negligencia médica por falta de insumos, cuando se sabe que el Gobierno ha gastado esos recursos en otras cosas. Y peor aún, hay casos en los que se han suministrado a pacientes medicinas que no cumplían con las normas de salud.

Constantemente escuchamos a políticos que critican actos de corrupción de sus oponentes; sin embargo, no se hace nada. De igual manera, cuando esos políticos son descubiertos en actos ilícitos, tampoco les pasa nada. Parecería que es una lucha entre ellos donde nunca hay un perdedor. La corrupción significa la destrucción de la vida institucional, el desprecio por la legalidad y el triunfo de la ilegitimidad y de la inmoralidad, dando lugar a una sociedad injusta y en descomposición. La corrupción no es privativa de países ricos o pobres; sin embargo, la forma como se presenta depende del grado de escrutinio de la sociedad. No podemos pedir que seamos incorruptibles si en esencia es lo que siempre nos han enseñado. Desde la infancia vivimos la corrupción en todo momento y, al llegar a adultos, se vuelve más evidente.

Debemos de enseñar a nuestros hijos la igualdad entre personas de distintos países. Somos iguales a los norteamericanos, como somos iguales a los japoneses y a los irlandeses. Nacimos en esta tierra que se llama México, la cual tiene cosas buenas y cosas malas. Somos iguales a ellos, sin importar la raza, el color, el idioma. Sin embargo, sí será la educación el pilar para hacer entender a la gente que somos iguales a los demás. Una vez que entendamos eso desaparecerán esos complejos que tenemos. El sentido de inferioridad nos hunde como país y nos lleva a ser tramposos y ventajistas. Nos da miedo competir de igual a igual porque nos sentimos inferiores y, es por ese sentimiento, que recurrimos a la trampa. Es como el corredor de maratones que compite contra un atleta keniano que es mucho mejor que él. Desde antes de empezar la carrera se da por derrotado y, por lo tanto, busca saltarse un tramo de la competencia para ganar. ¿Por qué mejor no pensar que si entrenamos bien, le podemos ganar? Tenemos el ejemplo del mexicano Germán Silva que ganó el maratón de Nueva York en 1994 y 1995 a pesar de no ser uno de los favoritos.

La corrupción no es una causa, es el resultado de sentirnos menos que el otro y con ese miedo, optamos por el camino fácil. Preferimos hacer negocios turbios en vez de hacer negocios legales. Preferimos dar "mordidas" que hacer las cosas bien. Es más fácil saltarse un tramo de la carrera, que prepararse para ella. Las cosas buenas requieren esfuerzo, dedicación, y sobre todo, una mente positiva. Eso es lo que hay que enseñar a los niños: "tú vas a llegar hasta donde tú quieras, el mundo no tiene límites, el único límite eres tú mismo". Son frases muy bonitas y ciertas.

Durante la Segunda Guerra Mundial, Joseph Goebbels fue el padre de la propaganda nazi y responsable del ***Ministerio de Educación Popular y Propaganda*** creado por Adolfo Hitler a su llegada al poder. Este individuo orquestó un sistema de consignas para ser transmitido mediante un poder centralizado del cine, la radio, el teatro, la literatura y la prensa. Era también el encargado de promocionar y hacer públicos los avisos del Gobierno. Pues este hombre, condenado por la Humanidad, creó una serie de principios que tenían como fin, inculcar en el pueblo ese amor por su patria y ese odio desmedido por todo lo demás. Adoptó varios principios: la simplificación, el método de contagio, la transposición, la vulgarización, la orquestación y muchos otros que consiguieron convencer a su pueblo de sus ideas y conceptos.

Así como esos principios fueron perversos y condenados por la Humanidad, yo pienso que existen otros que fomentan el bien, el crecimiento, la sinceridad, la humildad, la hospitalidad, el amor, la superación, el esfuerzo, la cooperación, y muchos más. Utilizando medios de comunicación como los que tenemos hoy en día, podemos empezar a formar un pueblo próspero, bueno y con ganas de salir adelante. En la medida que eduquemos de una manera correcta y con una mentalidad ganadora, la corrupción desaparecerá poco a poco. Pensemos que un niño que nazca a partir de ahora será educado con principios y valores. Cuando ese individuo termine sus estudios no estará pensando en ser tramposo porque tendrá los conocimientos para ser mucho más que eso.

La corrupción es sinónimo de miedo, de conformismo, de complejo de inferioridad, de pobreza mental, de resignación. En la casa y en la escuela está la respuesta a este gravísimo problema. Las fiscalías y auditorías sirven para disminuir la corrupción, pero no van a solucionar nunca el problema.

Tenemos un enfermo con la presión alta y le damos su medicina para controlarla, pero no le quitamos los alimentos que le hacen daño. Le pedimos que haga ejercicio, pero no deja de comer. A este enfermo le están curando los síntomas, mas no la enfermedad. Si queremos que sane tiene que hacer una dieta adecuada.

Lo mismo pasa con la corrupción. Escuchamos denuncias y nos dicen que los responsables serán castigados. Perfecto que se haga y se castigue; sin embargo, seguimos curando los síntomas mas no la enfermedad. La enfermedad nace de principios distorsionados que no han sido modificados durante siglos y, mientras no se corrijan, de nada servirá meter a la cárcel a tantos funcionarios. Hay que atacar la enfermedad y esa se manifiesta desde la infancia. Los libros de texto, los anuncios en la televisión, los medios digitales, las redes sociales, la radio, la prensa y sobre todo la educación en casa, deben de fomentar, de una manera casi sistemática, una mentalidad de éxito ante la vida, de saber que se puede lograr todo lo que uno quiera, sin importar los límites que existan. Se tiene que fomentar el principio de superación para que el pobre pueda llegar a ser rico y el rico sea humilde y generoso con el de abajo; para que el dinero no lo sea todo, que no haya envidia sino generosidad y para que lo último que exista sea el conformismo. Se necesita "la generación del cambio" para que México se convierta en el gran país que todos queremos. No podemos conformarnos con ganar lo estrictamente necesario; tenemos que crear la conciencia de un país exitoso, limpio, bueno, generoso y rico, donde todos en su conjunto trabajemos por un mismo bien común.

Cualquier sociedad del mundo es potencialmente tan corrupta como la mexicana. Son, sus modos de vida, lo que diferencia a unos de otros. La erradicación de la corrupción, por lo tanto, irá de la mano del avance que tengan los principios ya mencionados . Es un proceso lento y de muchísimo esfuerzo. El fin de la corrupción es un ideal difícil de conseguir. Decir lo contrario sería demagogia.

Podemos vivir con gente corrupta, sin que eso signifique que nosotros los seamos. Sin embargo, esta peligrosa convivencia nos puede llevar a cambiar drásticamente en algún momento de nuestra vida al estar rodeado de gente ignorante, inmoral y con falta de valores. Quizás el sentimiento de vergüenza puede contener al corrupto, pero en la medida en la que son más los corruptos que los decentes, la manera de evitarlo es más difícil. Sin embargo el estar rodeado de gente buena y exitosa, contagia de una manera considerable nuestra forma de ser y de actuar.

La lucha contra la corrupción es eminentemente un problema de los políticos y de la sociedad en su conjunto. Por un lado el Gobierno tiene dos grandes obligaciones: la primera es erradicar los síntomas mediante leyes más severas y una mejor y más justa impartición de la Justicia. La segunda y más importante es la renovación de los programas de educación, donde predominen los principios básicos de bienestar, para crear individuos de éxito que busquen el bien común.

La sociedad por su parte y cada familia tienen la durísima obligación de educar a sus hijos en los principios de bien y de los valores ya antes mencionados. Los adultos debemos de cambiar nuestra mentalidad. Esa educación debe permear en los jóvenes y en los niños. De nada servirá una educación de calidad si no se complementa con la recibida en el hogar. Los padres deben prepararse para ser buenos educadores y el Gobierno debe fortalecer esa preparación.

Como se ha dicho en tantas ocasiones, el Gobierno facilitará las condiciones necesarias para que padres e hijos sean educados bajo los principios de superación, honestidad, bien común, amor al prójimo y trabajo en equipo. Si no luchas para acabar con la corrupción y la podredumbre, acabarás formando parte de ella.

2) IMPUNIDAD

Impunidad viene del vocablo latino ***impunitas***. Es un término que se refiere a la falta de castigo. Se conoce como castigo, la pena que se impone a aquel que ha cometido una falta o un delito. Puede entenderse la impunidad como la evasión o el escape de la sanción que implica una falta o un delito.

La impunidad es otro de los 3 cánceres que tiene México. Anteriormente hablé de la corrupción y ahora me toca hacerlo de su primo hermano: la impunidad. No se puede entender que haya impunidad, si no hay delito qué perseguir. Porque cuando existe un delito y este no es castigado, se produce un efecto en cascada imposible de detener. Una violación a la Ley, sin castigo, significa que la Justicia está profundamente distorsionada. Los responsables de tales violaciones, al constatar que pueden evadirla impunemente, encuentran aliento para seguir delinquiendo.

En México el nivel de impunidad es tal, que solo en 2019 el 1.3% de las víctimas obtuvo justicia. Es decir, de cada 100 delitos, solo 1.3 son juzgados. En 2019 se cometieron más de 30 millones de ilícitos, pero solo se denunciaron 2 millones, por lo que hay una cifra negra que asciende a más del 90% y ello responde a que los ciudadanos no denuncian porque no confían en la autoridad ni en la Justicia. En promedio, toma 2 horas con 20 minutos presentar una denuncia. Para los ciudadanos eso es una pérdida de tiempo si se considera que solo el 1 % de los delitos que llegan a las fiscalías serán castigados. Es una correlación directa entre tiempo de espera y cifra negra, lo cual nos explica por qué la gente no quiere ir a denunciar.

Podemos asegurar que el mayor problema en este país es la procuración de Justicia, debido a la falta de capacitación de fiscales y del personal de los ministerios públicos. Hay que mejorar el sistema para lograr la gran transformación de México. Y aquí nos topamos con varios problemas que vale la pena desglosar. En primer lugar, son muchísimos los delitos que se cometen y que no son investigados correctamente. No existen los suficientes jueces para procesarlos. En segundo lugar, existe una falta de capacitación de los jueces. Y por último, la más importante, la corrupción que existe en el trabajo de jueces y magistrados.

Para arreglar esta situación se necesita de un presupuesto mucho más grande del que actualmente se asigna al Poder Judicial. Sucede exactamente lo mismo que con la corrupción; se atacan los síntomas, pero no la enfermedad. En este caso el Gobierno ha intentado, sin éxito, cambiar la estrategia, pero le ha faltado una planeación correcta.

Debemos entender que no hay sistema capaz de juzgar tantos delitos. Los tres niveles de Gobierno (federal, estatal y municipal) deben trabajar en equipo para disminuirlos. Yo propongo un sistema parecido al de Singapur, en el que los policías vayan vestidos de civil para que los delincuentes no puedan reconocerlos.

Los delincuentes siempre llevan una gran ventaja; saben dónde y en qué momento cometer sus delitos. Es sorprendente la gran cantidad de policías cuidando las calles. ¿Ustedes creen que un delincuente es tan inocente como para cometer un delito enfrente de un policía? Ellos se mueven de una zona a otra para no ser detenidos. ¿Qué sucedería si ese policía fuera vestido de civil? ¿Tú crees que sería igual de fácil cometer un delito? Si ellos usan el factor sorpresa para delinquir, ¿por qué la policía no hace lo mismo? Se gastan millones de pesos en seguridad sin resultado alguno. Hay una gran cantidad de delitos que sí se podrían evitar. Esta táctica está enfocada a delitos menores: robo a comercios, asalto en el transporte público y todo lo que sucede en las calles. Esta policía debe contar con equipo adecuado para defenderse. Yo propongo equipos de video y el apoyo de las instancias jurídicas para portar armas. Si unos policías se transportan en una "combi" y esta es asaltada, podrán defenderse, sabiendo que la Ley los protege.

Para que esto funcione, se requieren reglas que permitan la implementación de nuevas medidas para que el uso de la fuerza pública pueda ejercerse sin miedo alguno. Se necesita del consenso de la Comisión de los Derechos Humanos, para que "el que la haga la pague". De esta forma, logramos la disminución de un número importante de delitos. Hablamos de sistemas de seguridad diferentes, innovadores y efectivos, mismos que en otros países han funcionado correctamente. Propongo un sistema de monitoreo con cámaras adheridas a la ropa de los policías, para que los delitos queden grabados.

Existen otros que involucran grandes cantidades de dinero y que deben de ser investigados con ayuda de los sistemas financieros de todo el mundo. Hablamos de organizaciones que mueven grandes sumas y que necesitan de sistemas sofisticados para realizar sus transacciones. En este rubro se ha trabajado bastante, pero seguimos teniendo altas deficiencias. Propongo un sistema para detectar movimientos financieros de grupos delictivos que participan en el narcotráfico, en el tráfico de armas y en operaciones relacionadas con actividades ilícitas.

Cuando hablamos de impunidad nos viene a la mente la imagen de jueces corruptos y mal preparados. El Poder Judicial de la Federación es uno de los tres poderes de la Unión en los que se divide el Gobierno de México. Está integrado por la Suprema Corte de Justicia de la Nación, los Juzgados de Distrito, los Tribunales Colegiados de Circuito y los Tribunales Unitarios de Circuito. La administración, vigilancia y disciplina del Poder Judicial de la Federación, salvo la SCJN, está a cargo del Consejo de la Judicatura Federal. En este poder se deposita la facultad de impartir Justicia en todos los aspectos institucionales del Estado mexicano, la aplicación de las normas y principios jurídicos para la resolución de conflictos, así como la interpretación de las leyes en la sociedad. El tema de la selección de los jueces debe ser analizada de tal forma, que solo ingresen los mejores elementos. Debemos olvidarnos de padrinazgos y del nepotismo existente.

Según informes de la organización ***Mexicanos contra la corrupción y la impunidad***, el nepotismo imperante en el

Poder Judicial de la Federación alcanza a más de 500 jueces y magistrados que tienen trabajando en tribunales y juzgados a esposas, hijos, padres, sobrinos, tíos, cuñados y demás parientes. Estas redes se extienden a más de 7 mil servidores públicos de 31 circuitos que también tienen familiares en la nómina. Es decir, casi la mitad de los jueces y magistrados federales tienen parientes en el Poder Judicial.

Necesitamos más jueces y mejor preparados, que estén libres de familiares y amigos, para que la función que ejerzan sea la mejor, que perciban mejores sueldos y que, en muchos de los casos, tengan la protección necesaria para evitar amenazas. Una vez que contemos con ese perfil de excelencia, se debe castigar severamente a aquellos que participen en corruptelas. Constantemente escuchamos sentencias que se encuentran fuera de la Ley, porque existen amenazas que los obligan a dictarlas. ¿Pero qué puede hacer un juez que se juega la vida al juzgar a un narcotraficante o que se ve amenazado por algún alto funcionario? Para esto se necesitaría un sistema de ***anonimato*** para salvaguardar su propia vida e identidad.

La impunidad se presenta de varias maneras. La gran mayoría de los delitos no son investigados y sus sentencias no son las que corresponden. México ocupa el lugar 60 entre 69 países estudiados en el ***Índice global de impunidad*** (2020). Hace tres años ocupó el lugar 66 de 69. Esto nos indica que hay un elevadísimo número de personas en espera de sentencia y también una sobrepoblación en las cárceles. Tenemos un promedio de 2.17 jueces por cada 100 mil habitantes, mientras que países como Eslovenia cuentan con 42.77 por cada 100 mil personas. Sin embargo, contamos con 347 policías por cada 100 mil habitantes, muy por arriba del promedio mundial.

Un sistema deficiente implica un acceso desigual a la Justicia y la imposibilidad de enfrentarla a través de las diversas instituciones. Hay leyes que deben modificarse. No podemos seguir liberando a personas que han cometido 5 veces el mismo delito. Singapur propone castigos verdaderamente crueles. La normativa incluye la pena de muerte para delitos como tráfico de drogas, secuestro, homicidio, portación ilegal de armas de fuego. En aquel país está prohibida la importación de chicles, de tabaco, de artículos pirotécnicos y similares, así como la pornografía y arrojar papeles, chicles y colillas en las calles.

Las leyes deben ser más estrictas. Los delincuentes saben que es muy difícil que sean detenidos pero, además saben, que es fácil salir de la cárcel. La corrupción y la impunidad funcionan como un engranaje perfecto. Si atacamos la corrupción, como lo propongo, y disminuimos el grado de impunidad, podemos pensar que el cáncer tiene cura.

El primer ministro de Singapur, Lee Kuan Yew, líder del movimiento de independencia de ese país, realizó una serie de cambios geniales para conducirlo al éxito. Incrementó con dureza las penas de cárcel para los culpables de corrupción. Las condenas más altas se reservaron para quienes se apropiaron de dinero destinado a los temas sociales más delicados. Buscó un sistema de rotación de los empleados públicos y, sobre todo, ordenó que los colegios y universidades enseñaran a los jóvenes, en sus programas de estudio, la asignatura de ética pública.

Los jueces son corruptos. Eso piensan casi 7 de cada 10 personas en México, según el INEGI. El mismo estudio señala que solo el 11.6 % de la población cree que el trabajo de los jueces es muy efectivo. Si se demuestra la responsabilidad administrativa de un juez en un acto de corrupción, es responsabilidad del Consejo de la Judicatura Federal inhabilitarlo o suspenderlo. Pero, si se demuestra además su responsabilidad penal, tiene que responder ante un juez, un magistrado o un colegiado penal. Los jueces no son intocables, algunos de ellos ya recibieron una sentencia del mismo sistema judicial al que pertenecen e incluso tienen órdenes de aprehensión en su contra, pero mi señalamiento va más allá. Dada la importancia que representan, las consecuencias de sus actos deben ser premiados o castigados. Insisto en sueldos altos, protección en muchos casos y el anonimato en otros; sin embargo, también deben de ser sujetos a sanciones verdaderamente fuertes si cometen fraudes.

La base de una nación justa y democrática tiene sus raíces en una impartición de Justicia acorde a sus leyes. Estas están hechas para que un país funcione de la mejor manera posible. Es, a partir de ahí, que surge todo lo demás. El Estado de Derecho es la punta de lanza para todo lo demás. Si esos fundamentos están bien aplicados, el éxito está garantizado.

Propongo un sistema estricto de justicia, que castigue los delitos de manera ejemplar para que no se repitan tantas veces. El sistema judicial tiene la obligación de hacer que las cosas funcionen de acuerdo al marco legal. Singapur comenzó un programa de reformas económicas y con el paso del tiempo impresionó al mundo con sus altos niveles en educación, sanidad y competitividad económica, pero al mismo tiempo, atacó la corrupción y la impunidad.

Como mencionó el escritor argentino Ernesto Sábato en 1999, en su libro ***Antes del fin***: "Me pregunto en qué clase de sociedad vivimos, qué democracia tenemos, donde los corruptos viven en la impunidad y al hambre de los pueblos se la considera subversiva".

3) FALTA DE AMOR POR MÉXICO

La falta de amor por México es el tercer cáncer que tiene nuestro país y que abarca una serie de puntos bien definidos y delicados que vale la pena analizar.

Si pensamos en los diferentes sexenios, nos damos cuenta de que ninguno de los presidentes que hemos tenido ha demostrado un auténtico amor por esta nación. Todos, después de terminar sus mandatos, siguen siendo acusados de actos de corrupción. Se habla de todo lo que robaron pues es bien sabido que amasaron grandes fortunas al amparo del poder. Y es que el poder es muy tentativo y puede corromper incluso a las mejores almas.

Han sido gobiernos con resultados muy mediocres, llenos de decisiones equivocadas porque manipulan a su conveniencia los destinos de un pueblo. Somos una sociedad que no reclama nada, por lo tanto, somos una sociedad que tampoco ama a México. Los gobernantes trabajan para ellos mismos; sus decisiones están orientadas para perpetuarse en el poder, por lo que el pueblo es solo el vehículo para lograrlo. La gente, por ignorancia, no exige sus derechos y vive una tragedia lenta y tortuosa. Es ese personaje inocente que pareciera una veleta que se mueve hacia donde sopla el viento.

Los políticos están preocupados por su popularidad porque con ella se juegan su capital político. Hacen cualquier cosa para permanecer en el poder y no tienen escrúpulos. Todos ellos, como lo demuestra nuestra historia, se mueven de acuerdo a las órdenes de algún grupo poderoso. Se puede decir que son "los títeres" del Sistema. La política mexicana es una "novia celosa" que no permite que nadie más se meta en su vida.

Los proyectos de un Gobierno, en muchos casos no se llevan a buen término porque deben pensarse a largo plazo. ¿Qué sucede sin embargo si al entrar un nuevo Gobierno se decide cambiar ese proyecto? Al no darle el tiempo necesario para que madure, termina fracasando. Como ejemplo están las ***rondas petroleras*** y las licitaciones para proyectos de ***energías renovables***.

Pensemos en una gran reforma fiscal. México tiene una recaudación de las más bajas de Latinoamérica y del mundo. Urge una modificación de sus leyes y, sin embargo, no se hace porque tiene un costo altísimo políticamente hablando, ya que afecta la popularidad de sus líderes.

Hablar de la informalidad me da tristeza. Tanto tiempo para solucionarlo y no hay resultados. La gente que trabaja en la informalidad podría vivir de una forma más digna. Es gente que se despierta sabiendo que su única opción es trabajar en la calle. Los gobiernos no han sabido generar las mejores oportunidades. Da rabia ver la mediocridad de las autoridades, y más rabia, que nos quedemos de brazos cruzados.

Tenemos una clase política descompuesta e inhumana. Son una desgracia como gobernantes y como seres humanos porque, teniendo todo para ayudar, no hacen absolutamente nada. Necesitamos una generación nueva de políticos que entiendan las necesidades del país y que, de una manera desinteresada, se sacrifiquen por el pueblo. Sin embargo, esa generación no existe por el momento, ni existirá, porque en el fondo hay egoísmo, rencor, mediocridad, envidia e ineptitud. Es esa generación sumisa del ***pueblo conquistado*** que, cuando llega al poder, solo busca su propio beneficio. Es claro que no avanzará, porque el ***chip genético*** no da para más. Es una sociedad conformista, pues así está educada.

Yo amo este país, pero me decepciona cómo ha sido gobernado. Me entristece conocer otros países y ver que viven mucho mejor que nosotros. Es frustrante saber que tenemos todo para ser mejor que ellos y, sin embargo, nos negamos a intentarlo. Somos un pueblo masoquista que nos gusta vivir mal. Somos envidiosos, en vez de generosos. Somos egoístas, porque le deseamos el mal al de enfrente. Preferimos ser todos pobres que alcanzar el éxito. Muchos mexicanos no aman a México; viven y disfrutan sus bondades, pero no le dan nada a cambio. Desde luego que hay excepciones y mexicanos estupendos.

México necesita un cambio. El pueblo debe tener una mayor presencia y participación en las decisiones. La clase política me molesta porque está diseñada para hundir al pueblo y hacer de él lo que quiera. Tenemos un pueblo ignorante, sumiso y temeroso que no coopera.

En la tercera parte del libro te hablaré de los ***ejes de solución***, que es la única forma que yo veo para mejorar las cosas. La sociedad necesita tener un papel más importante en la vida democrática. La gente que ama a México es la que lo puede convertir en una gran nación. El empresario, el trabajador, las amas de casa y todos en general, hacen que este país camine y funcione. El poder debe estar en nosotros porque sufrimos a diario las malas decisiones de los gobiernos. Nos toca tomar el timón del barco y hacer de México una gran nación.

Solemos admirar más lo extranjero, olvidándonos de que el gran territorio que habitamos es rico, generoso y hermoso . Nos gusta flagelarnos, compadecernos y minimizarnos, dejando de lado lo positivo y envidiable de este país. Somos un pueblo necio y aferrado a tradiciones que no nos ayudan en absoluto. Se requiere trabajar en la autoestima de los mexicanos y echar mano de la parte creativa, poderosa, trabajadora, y sobre todo, orientada a rendir un "amor incondicional" por México.

Hay muchos motivos para amar a esta gran nación. Tenemos cultura, gastronomía, historia, naturaleza. La gente, que es la que le da vida a todo esto, necesita trabajar en armonía para lograr el bien común. Es importante que la educación, desde la infancia, cambie nuestra forma de ser y de actuar. Si otros países lo han logrado, México también. El proceso de ese ***amor por México*** se aprende desde la infancia. Es, en los niños, donde debemos poner un mayor énfasis para inculcar ese cambio de mentalidad. Nos hace falta salir al extranjero y ver cómo viven otras naciones. Países como Japón y Alemania aprendieron la lección desde abajo y por la fuerza. El resultado de constantes conflictos los hizo guerreros. Ellos vivieron el sufrimiento, pero supieron salir adelante. Desde niños, y durante toda su vida, se les enseña lo que es un verdadero amor por su país. Están educados para ser los mejores en lo que se propongan. Son máquinas programadas para hacer las cosas a la perfección porque siempre buscan la excelencia. Basta ver sus industrias y sus productos para saber de lo que son capaces. Son seres "excelentes" y buscan constantemente lo mejor. Se esfuerzan por lograrlo hasta que lo consiguen.

Debemos por lo tanto fomentar esos principios fundamentales a nuestros hijos para que, con el tiempo, se consigan los resultados que tanto queremos. Y termino esta parte haciendo mención de una frase del economista y político Jesús Silva Herzog que dice: "México es un hermoso país, uno de los más hermosos de la Tierra; pero está todavía en construcción y lo que importa es terminar la obra y cuanto antes mejor".

3ª PARTE

EJES DE SOLUCIÓN

En esta parte menciono los puntos esenciales que necesita el país para lograr un cambio profundo. México es un país grande, diverso y con muchos retos por superar y es, el Gobierno Federal, quien tiene la responsabilidad de que se cumplan los objetivos de la nación. Mi análisis abarca los aspectos más relevantes. Me atrevo a decir, que los puntos que menciono, representan el 90 % de las decisiones más importantes que deben de tomarse en cuenta. Haber analizado los últimos sexenios me ha servido para definir los ***ejes de solución*** que son sencillos, prácticos y con fundamentos muy esenciales, basados en el análisis lógico y práctico de las cosas, sin entrar en detalles muy profundos.

El principio fundamental para un cambio verdadero, profundo y efectivo radica en la forma de pensar de todos nosotros. México necesita de sangre nueva y también de una forma de pensar y ver la vida de diferente manera. Tenemos que quitarnos de la cabeza la ideología del mexicano timorato y mediocre y pensar de una manera completamente diferente. México requiere una visión de nación acorde al siglo XXI, con gente nueva y, sobre todo, con mentalidad progresista. Pensemos como una nación poderosa, de futuro próspero y de ideas verdaderamente revolucionarias. Intentemos que esta sea, ahora sí, nuestra verdadera revolución, "la revolución del pensamiento". México no solo necesita recursos financieros para salir adelante, necesita recursos ideológicos que nos lleven a otra escala.

Las cosas no son sencillas ni fáciles, pero tampoco son imposibles. Desde mi punto de vista, creo que podemos conseguir un crecimiento sostenido entre un 7 y un 10 % del PIB anual, dando como resultado mayores ingresos en las familias mexicanas. Estas medidas nos permitirían, en un lapso de 15 años, colocarnos entre las naciones más prósperas de la Tierra.

México demanda tres grandes prioridades: economía, salud y seguridad. Un crecimiento en esos tres rubros daría como resultado una clase media más grande y robusta que sostendría la estabilidad de este país.

Tenemos una nación con muchos pobres, muchas carencias y muchas necesidades, pero al mismo tiempo, con un gran potencial de crecimiento. Los gobiernos han visto esta situación de pobreza como una gran desventaja, sin darse cuenta que esta es nuestra gran fortaleza. Hay tantas cosas por hacer, que el terreno que se vislumbra es de grandes oportunidades. Tenemos importantes necesidades en infraestructura: carreteras, presas, centrales eléctricas, hospitales, trenes, aeropuertos y muchas cosas más. Hay tareas urgentes por atender como la disminución de la informalidad y el combate a la corrupción y a la impunidad.

Queremos una visión de futuro en la que el medioambiente sea una prioridad. Hay que combatir la contaminación en las ciudades y en los centros productivos. Necesitamos la generación de energías limpias y renovables. No podemos seguir pensando en que el petróleo será el combustible de nuestra nación. Hay que cuidar los mares, los bosques, las selvas y nuestros ecosistemas. Necesitamos una visión de nación limpia, y por consecuencia, sana. ¡Nuestros hijos nos lo demandan! Tenemos que participar en el desarrollo tecnológico y dejar de ser únicamente maquiladores. Necesitamos inversiones en investigación y desarrollo. Tenemos que elaborar productos de alta calidad y diseño para competir con otras naciones.

La clase política debe de estar a la altura para lograr ese gran salto. Son ellos los que más necesitan cambiar su manera de pensar y buscar mejores condiciones de vida para los más necesitados. Tres sexenios con diferentes partidos en el Gobierno son la muestra de que el pueblo quiere un cambio. La gente está harta de la misma clase política, sin importar la ideología que estos representan. La sociedad lo que quiere son trabajos bien pagados, un buen sistema de salud, seguridad, desarrollo y un crecimiento sostenido en el tiempo.

Admiro a los empresarios de este país porque es muy difícil abrir un negocio con tantas restricciones y, a pesar de esto, seguimos siendo competitivos con otras naciones del mundo. El mexicano es inteligente, es creativo y es trabajador cuando tiene las condiciones. Los empresarios quieren hacer negocios y los quieren hacer en México. Los gobiernos deben ofrecer las condiciones idóneas para que se den las grandes inversiones. Muchos extranjeros están ávidos de invertir en nuestro país porque ven un gran potencial. Se necesitan leyes claras y un clima de confianza para que el inversionista se sienta seguro. Hemos desperdiciado demasiado tiempo, pero peor aún es que lo sigamos haciendo. Así pues, intentemos imaginarnos a un México próspero y rico con ganas de superarse día con día.

1) GOBIERNO MÁS PEQUEÑO

a) VENDER

La empresa pública es aquella donde la participación del Gobierno es total o mayoritaria. Esta se crea con la finalidad de brindar bienes a la población y servicios de primera necesidad. Ante tal situación, observamos que nuestro Gobierno es demasiado grande y, por lo tanto, muy ineficiente. Encontramos una gran cantidad de empresas gubernamentales que son muy grandes, pero muy malas en resultados. Son empresas que han sido, durante muchísimos años, muy mal administradas y que, por lo tanto, tienen pérdidas enormes.

Quiero que imagines por un momento ser el dueño de una de esas empresas. Probablemente ya la hubieras cerrado. ¿Entonces por qué el Gobierno no lo hace? Cerrarlas representa un costo político muy alto y generaría fuertes conflictos laborales. De cualquier forma, si no funcionan hay que deshacerse de ellas. El país ya no soporta seguir operando empresas que nos cuestan tanto. Es momento de cerrarlas lo más pronto posible. Nuestro Gobierno es demasiado grande, emplea a más de 5 millones de personas. Es un gigante torpe y lento que realiza funciones que no le corresponden.

- PETRÓLEOS MEXICANOS (PEMEX)

Sin duda esta es la primera empresa que debe venderse. Durante años fue la insignia de la nación, pero actualmente genera más pérdidas que ganancias. Una empresa que fue motivo de orgullo, hoy es motivo de vergüenza. Difícil pensar en su desaparición, pero los malos manejos y sobre todo, la fuerte corrupción, la hacen completamente inviable hoy en día. Solo en 2020 las pérdidas acumuladas fueron de 480,966 millones de pesos, lo que equivale a un 38.2 % por ciento mayor a lo registrado en 2019. Estas pérdidas han provocado que el Gobierno siga inyectándole recursos para mantenerla a flote. Sus activos son obsoletos y modernizarla requiere de inversiones enormes. Su carga burocrática es tal, que la deuda a finales de 2020 rondaba los 110,000 millones de dólares.

Hay que dejar los sentimentalismos aparte y tomar la decisión de terminar con esta empresa que nos cuesta tanto. Venderla o cerrarla no significa sacrificar nuestra soberanía. Los mexicanos somos dueños de PEMEX y no queremos seguir invirtiendo en algo que no funciona. El esquema consiste en vender la empresa, buscando su máximo beneficio. Existen activos todavía muy importantes que le generan al Gobierno ingresos muy cuantiosos. Hay que buscar compradores para sus diferentes áreas, a cambio de que esta reciba un porcentaje de las nuevas utilidades.

El petróleo y el gas son los insumos más importantes. En estos casos, un porcentaje importante de los recursos que se extraen deben ser para los mexicanos. Según cálculos realizados, aproximadamente el 80 % le corresponderían al Gobierno y el 20%, a las empresas privadas.

La industria petroquímica es un negocio riesgoso y caro. La extracción en aguas profundas requiere de inversiones millonarias y su viabilidad es difícil de pronosticar. Actualmente el Gobierno mexicano se encarga de la mayoría de las perforaciones, sin tener muy buenos resultados. Contamos con grandes reservas de petróleo y gas, sin embargo PEMEX es incapaz de explotarlos por sí solo. Por tal motivo, el Gobierno debe autorizar la participación de la iniciativa privada.

Hay que pensar que el día de mañana PEMEX ya no sea un lastre para los mexicanos. Mejor imaginemos que se pueda vender a buen precio y, que sean las empresas privadas, tanto nacionales como extranjeras, las que aporten el capital. Que ellas asuman los riesgos, generen los empleos y así fomenten una sana competencia. Que se encarguen de la operación de las refinerías, así como de toda la industria que de estas se deriva. Pensemos, por ejemplo, en todo el gas que se podría comercializar.

El panorama es muy atractivo y rentable. Las empresas siempre han buscado poder participar de una manera más importante, pero como siempre, la clase política lo ha impedido. Se debe vender PEMEX en su totalidad para que rinda buenas ganancias. El Gobierno nada más debe vigilar y controlar el buen funcionamiento de las empresas participantes. Hay que buscar negociaciones con inversionistas dispuestos a absorber la carga laboral que PEMEX tiene actualmente. Deben establecerse reglas claras para que las empresas mantengan inversiones y proyectos a largo plazo.

El petróleo ha perdido su protagonismo; ahora está en manos de las nuevas energías limpias y renovables por las que el mundo está apostando.

- COMISIÓN FEDERAL DE ELECTRICIDAD (CFE)

Hablar de la CFE es hablar de un gigante que emplea a más de 100 mil trabajadores. Es una empresa monopólica que controla, administra y suministra toda la energía que requiere el país. No existe empresa alguna que pueda suministrar energía a las viviendas, industrias y comercios si no es a través de ella.

La energía es un elemento imprescindible para el crecimiento y la riqueza de cualquier nación. Es, junto con el agua, el insumo más importante. Enorme es la cantidad de energía que se necesita en las industrias, escuelas y hospitales. En definitiva, no podríamos vivir sin ella. La nueva dinámica mundial apuesta por generar energías limpias y renovables. Países como Holanda o Dinamarca ya lo están haciendo en un 80 % y estiman llegar al 100 % dentro de 10 años.

En el caso de México, la nueva política eléctrica impulsada por el Gobierno ocasionará un grave impacto al medioambiente y deteriorará la salud de millones de mexicanos. Se está apoyando elevar la producción de las termoeléctricas a través de la quema de combustóleo; un subproducto de refinación que posee altos niveles de contaminación. Se calcula que cada año en México mueren alrededor de 25 mil personas. Estas plantas viejísimas ocasionan altas concentraciones de azufre, que al quemarse en las plantas de la CFE, generan ácido sulfúrico muy dañino para los pulmones.

En los primeros 2 años de la Administración del presidente López Obrador se han suspendido nuevos proyectos que iban orientados a la construcción de plantas de energía renovables, modernas y limpias. Serían hechas por empresas privadas y garantizarían una electricidad más barata para el consumidor. Aquellas empresas privadas que ya operaban se han visto afectadas por los cambios en la ley, por lo que han presentado demandas y amparos por las afectaciones recibidas.

En cuanto a las finanzas de la compañía, su situación tampoco es la mejor. Solamente en el primer trimestre de 2020 perdió 858 % más en comparación con el año anterior, y terminó el año con una pérdida neta de 78,919 millones de pesos de acuerdo con el reporte financiero enviado a la

Bolsa Mexicana de Valores. Estos datos demuestran que esta empresa tampoco es rentable y cuesta demasiado mantenerla, por lo que también debería privatizarse.

En la reforma energética aprobada en tiempos del presidente Peña Nieto, se dio entrada a nuevas empresas generadoras de energía que, poco a poco, fueron incursionando en el país de una forma muy exitosa. Sin embargo, en la Administración de la 4T nos topamos con una filosofía proteccionista.

Mediante reglas claras el Gobierno debe dejar esta actividad en manos de particulares. La CFE obstaculiza el libre desarrollo de la industria. Se deben establecer porcentajes de participación y la absoluta garantía de tener la energía requerida. Es importante hacerlo pronto pues, junto con PEMEX, son los dos rubros más importantes para impulsar el crecimiento. La privatización de estas dos compañías es suficiente para sufragar la crisis actual. Su carga financiera y laboral nos cuesta mucho. Los resultados negativos brindados por la calificadora ***Fitch Ratings*** sobre las dos principales empresas productivas del Estado, son solo una muestra del problema financiero que enfrentará la nación en los próximos años. Son empresas "basura", pues se ha comprobado que son inviables. Sus pasivos son superiores a sus activos. La mejor solución es venderlas.

Tristemente no supimos adaptarnos a las nuevas tecnologías y el tiempo se nos vino encima. Mejor ver hacia delante y considerar los grandes beneficios que nos ofrece el futuro.

b) CONCESIONAR

En Economía y en Derecho Administrativo, una concesión es el otorgamiento del derecho de explotación de bienes y servicios por parte de una administración pública o empresa a otra generalmente privada, por un período determinado. La concesión tiene por objeto la administración de los bienes públicos mediante el uso, aprovechamiento, explotación de las instalaciones o la construcción de obras y nuevas terminales de cualquier índole, ya sean marítimas, terrestres o aéreas.

Los objetivos de estos negocios radican en proporcionar servicios esenciales para el público, como por ejemplo: la electricidad, el gas, el agua, las telecomunicaciones, la limpia y recolección de basura, los mercados y centrales de abasto, los panteones, los rastros, las calles, los parques, los jardines y sus respectivos equipamientos.

Este tipo de concesiones suelen estar sometidas al control del Gobierno, permitiendo una gran competencia como en el caso de los servicios telefónicos, el suministro eléctrico, las comunicaciones ferroviarias o el suministro de gas. Este esquema de concesión representa un gran beneficio que a continuación explico.

Cuando el Gobierno otorga concesiones delega la administración a una empresa privada; de esta forma se deslinda de muchas responsabilidades. Una carretera por ejemplo, tiene una serie de gastos como el pago de sueldos, mantenimiento de sus vías, alumbrado, etc. Dada la experiencia que se tiene, muchas veces lo mejor es que el sector privado se encargue y asuma el riesgo. De esta forma, el Gobierno solo vigila que se respeten las condiciones del contrato a fin de que el concesionario preste el servicio de forma eficiente. El resultado, por experiencia, suele ser muy redituable para ambas partes.

Ejemplos de concesiones los encontramos en actividades como la minería, el transporte público, la verificación vehicular, el cobro de fotomultas, la construcción, la recolección de basura y un sinfín de otros casos.

2) ACTIVIDADES ESENCIALES

Cuando hablo de actividades esenciales me refiero a aquellas que, por su importancia y relevancia, representan la parte más importante en la gestión del Gobierno y que están a cargo de las diferentes Secretarías. Los cambios deben darse en función de las fortalezas y debilidades de cada una de ellas.

El país tiene un futuro muy prometedor, en la medida en que se lleven a cabo los cambios que se requieren. Algunos son radicales y otros, difíciles de ejecutar. Los modelos que hemos tenido en las últimas décadas no han funcionado y no mejorarán mientras sigamos haciendo las cosas como hasta ahora. Muchas de las medidas a realizar son impopulares, otras son a mediano y largo plazo; otras, difíciles de aprobar y algunas implican acuerdos entre los diferentes partidos políticos. En definitiva, se requiere de voluntad y empeño para hacer las cosas por el bien de las siguientes generaciones.

a) SECRETARÍA DE GOBERNACIÓN (SEGOB)

Como ya lo he comentado, los políticos no deberían estar al frente de las Secretarías, sino los mejores candidatos. Un presidente debe de tener al mejor financiero al frente de la SHCP; al mejor economista, en la Secretaría del mismo nombre; al mejor doctor, al frente de la Secretaría de Salud y así sucesivamente. Desgraciadamente eso no pasa. Si tuviéramos a la gente indicada, tendríamos con seguridad mejores resultados.

Los distintos gobiernos no han sabido implementar verdaderos proyectos más allá de los fines electoreros. Son planes a 6 años, pero nunca a mediano y largo plazo que serían muy rentables. El presidente debe informar al pueblo su plan de trabajo y ser muy valiente en sus decisiones. Sus ideas deben ser sencillas, haciéndole saber a todos, que estas ayudarán a construir un México mejor.

- SECRETARÍA DE LA DEFENSA NACIONAL

La Secretaría de la Defensa Nacional es una de las secretarías de estado que integran el denominado gabinete legal del presidente. Es el despacho del Poder Ejecutivo Federal con funciones de Ministerio de Defensa. Esta es la encargada de diseñar, planear, ejecutar y coordinar las políticas públicas relacionadas con las ramas de las Fuerzas Armadas: el Ejército, la Fuerza Aérea y la Marina.

Lo anterior incluye adiestrar y programar todas las acciones vinculadas al eventual uso del personal militar para sus principales tareas, organizar el Servicio Militar, dirigir al Ejército y Fuerza Aérea en caso de guerra, administrar las relaciones y derechos laborales del personal civil y militar que trabajen para ella, dirigir la industria militar del país, construir, conservar y disponer de toda la infraestructura militar requerida para el cumplimiento de sus obligaciones, así como expedir licencias para la portación de armas de fuego y la fabricación, compra y manejo de sustancias peligrosas o explosivos.

El Ejército debe definir sus funciones primordiales: garantizar la seguridad del país ante invasiones o guerras con otros países. Debe de tener una labor muy importante en el ataque al narcotráfico. Junto con la Secretaría de Marina, debe de llevar un plan coordinado para la captura y desintegración de los principales grupos delincuenciales. El Ejército sabe dónde se esconden, pero ha faltado la coordinación para capturarlos. Se requiere una mejor labor de inteligencia para dar con ellos.

El Ejército y la Marina no deben realizar labores policiacas. Es tal la magnitud de la inseguridad que el Ejército hace esas labores con tácticas equivocadas. Las Fuerzas Armadas no deben realizar esas funciones. El entrenamiento militar dista mucho del entrenamiento policiaco. Otra actividad que desarrolla el Ejército y que no le corresponde es la relacionada a la infraestructura. El Gobierno Federal ha delegado en la SEDENA la construcción de varios proyectos. Los soldados y marinos mexicanos han estado implicados en graves abusos contra los derechos humanos. Por eso los activistas han presionado para que el Gobierno autorice el entrenamiento y equipamiento de una Policía Civil que sea capaz de hacerse cargo de las labores del Ejército. Así pues, la situación jurídica se encuentra en un limbo, pues hablamos de elementos que desarrollan trabajos fuera de los alcances legalmente establecidos. La gran fama que tienen el Ejército y la Marina se ha venido deteriorando en los últimos tiempos debido a la diversidad de funciones que están desempeñando.

SECRETARÍA DE RELACIONES EXTERIORES

La Secretaría de Relaciones Exteriores es la encargada de diseñar, planear, ejecutar y coordinar las políticas públicas en materia de relaciones internacionales. Lo anterior incluye coordinar al resto del gabinete, cuando en el ámbito de sus propias responsabilidades, se traten asuntos internacionales y principios gubernamentales. Aquí me enfoco en 3 puntos esenciales.

El primero es el fortalecimiento en las relaciones que tenemos con Estados Unidos y Canadá. Son nuestros socios comerciales más importantes, derivados del TMEC. Debemos tener una estrecha relación con ellos, basada en la cordialidad, pero sin olvidar nuestra soberanía.

En segundo lugar, se deben establecer reuniones para discutir temas migratorios. Por un lado, ellos combaten la entrada ilegal de mexicanos a su país, pero sabemos de la necesidad que ellos tienen de nuestra mano de obra. Mediante acuerdos, se puede llegar a garantizar un tránsito ordenado entre ambos países.

En tercer lugar, debemos de tener una estrecha relación con los países de Centroamérica, con el fin de evitar la entrada masiva de sus paisanos a nuestro país. Miles de migrantes de países como Honduras, Nicaragua, El Salvador, Guatemala, etc. intentan cruzar a diario el nuestro. En su mayoría son intentos desesperados por llegar a Estados Unidos. El mayor problema sin embargo, es que esto nos genera serios problemas.

La población que transita ilegalmente por México alcanza los miles de personas, provocando problemas de higiene, de seguridad y de hacinamiento, especialmente en las ciudades fronterizas. Lo que empezó como la entrada de unos pocos, se ha convertido en caravanas de gente. La situación ha llegado a niveles preocupantes en ciudades como Tijuana, Ciudad Juárez o Matamoros. El Gobierno mexicano, a través de la Secretaría de Relaciones Exteriores, debe de exponer ante esos países, el peligro que representa para su población el intento por llegar a Estados Unidos.

SECRETARÍA DE SEGURIDAD Y PROTECCIÓN CIUDADANA

La Secretaría de Seguridad y Protección Ciudadana es la responsable de diseñar, planear, ejecutar y coordinar las políticas gubernamentales en materia de seguridad pública, así como comandar los procesos de investigación y persecución de los delitos, siendo los elementos que usen para dicho fin, liderados por el Ministerio Público. También está destinada a desarrollar y ejecutar el sistema público de seguridad, la profesionalización de los cuerpos policiales y la formación de estos en sus centros de capacitación y adiestramiento.

Según estadísticas publicadas en 2020, después de la economía, el problema que más preocupa a la sociedad es la inseguridad. Llevamos tiempo con índices de homicidios y violencia jamás alcanzados anteriormente, sin que veamos que los gobiernos hagan algo por mitigarlos.

Mi propuesta es fortalecer la policía para que salvaguarde la seguridad de la población; sin embargo, el mensaje que ha mandado el Gobierno Federal, es empoderar más al Ejército y quitarle facultades a las Policías.

Por todos es sabido los muchos casos de corrupción en los mandos policiacos, pero no por ello deben desaparecer. Se debe hacer una limpia a fondo entre sus elementos para después recibir el entrenamiento y la capacitación necesarios.

La Policía debe ser más inteligente y efectiva pues resulta ser demasiado inocente y por eso en México es muy fácil delinquir. Tener muchos elementos no implica mayor seguridad. Los delincuentes tienen éxito porque se anticipan a ella. Cuando los policías llegan a una zona, los delincuentes se mueven a otra. Si se intensifica su presencia, estos se quedan en sus casas. Un fuerte despliegue y un gasto cuantioso no significa que resuelvan el problema. Siempre utilizan los mismos métodos que no funcionan. Insisto en un sistema como el de Singapur, donde la Policía viste de civil para no ser identificada. Hablo también de sistemas de grabación y vigilancia de alta tecnología. ¡Llamémosle el plan sorpresa! Si los delincuentes los sorprenden, ¿por qué no hacerlo al revés? Debe haber un sistema eficiente de videovigilancia para identificarlos.

La Policía debe darse a respetar y se le debe premiar cada vez que haga algo sobresaliente. Deben ganar bonos de acuerdo a los delitos que hayan frustrado. Por cada infracción levantada, se le debe premiar con un porcentaje. De esta forma el incentivo es mayor y la corrupción desaparecería. Nuestros policías perciben sueldos muy bajos. Los ministerios públicos deben ser más ágiles, rápidos y efectivos, para que la gente acuda a levantar sus demandas. Si conseguimos disminuir los delitos menores, se podrán atender aquellos de mayor importancia. Hablamos de policías encubiertos, bien armados y bien entrenados. Si un policía frustra un asalto, estará en su derecho de utilizar la fuerza hasta las últimas consecuencias.

Es común que manifestantes cierren carreteras o vías del tren sin que la Policía haga algo por evitarlo. Las manifestaciones son un derecho de los mexicanos, pero también pueden ser un delito porque afectan a millones de personas y su costo puede ser enorme. Debe haber acuerdos para el diálogo, mas no impedir el libre movimiento de productos y personas.

Por último, tenemos los delitos de fuerte impacto, los cuales también requieren de inteligencia y del factor sorpresa.

Si los narcotraficantes utilizan determinados métodos, las autoridades deben saber cómo contrarrestarlos. Este tipo de operaciones, por su tamaño e índole, necesitan de una coordinación entre policías, ejército y agencias de inteligencia. Hay que atacar estos delitos a través de la inteligencia financiera. Se debe utilizar alta tecnología como satélites, drones, espías e incluso el apoyo de otros países. De nada nos han servido tantas reuniones del Gabinete de Seguridad, si no se busca una estrategia diferente.

SECRETARÍA DE HACIENDA Y CRÉDITO PÚBLICO

La Secretaría de Hacienda y Crédito Público es la encargada de diseñar, planear, ejecutar y coordinar las políticas públicas en materia de Economía. Lo anterior incluye la realización del Plan Nacional de Desarrollo, el Presupuesto de Egresos de la Federación y la Ley de Ingresos, intervenir en el diseño de la legislación en temas fiscales, operar la deuda pública del Gobierno Federal, coordinar y vigilar el sistema bancario público y privado (con excepción del Banco de México), dirigir el Servicio de Administración Tributaria, encabezar las aduanas y servicios y regular la posesión de bienes inmuebles del Gobierno Federal.

El tema que más preocupa a la población es el de la economía. La gente demanda trabajos bien remunerados. Los ingresos de los mexicanos son bajos y, es por eso que tenemos un índice muy grande de gente pobre; es decir, o no tienen trabajo, o su trabajo es mal pagado. Aunado a esto está la informalidad, que genera trabajos aún de peor nivel, pues no cuenta con prestaciones tales como seguridad social, acceso a la vivienda, vacaciones, aguinaldos, reparto de utilidades y un sinfín de beneficios más.

Para lograr estos objetivos necesitamos convertirnos en un país más rico y eso se logra a través de diversos proyectos de nación. Uno de los más importantes participantes en estos proyectos es la Secretaría de Hacienda y Crédito Público, encargada de recaudar y distribuir el dinero de los contribuyentes. ¿Pero qué pasa si no tenemos una buena recaudación? Como ya lo hemos platicado anteriormente, la recaudación en nuestro país es muy baja y el dinero que se obtiene no es suficiente para satisfacer todas las necesidades requeridas. A continuación te menciono los puntos más importantes que explican el por qué tenemos una baja recaudación.

1.- Un primer punto se refiere a la informalidad. Cerca del 60 % de los empleos en México corresponden a la informalidad y se calcula que este porcentaje equivale al 20 % del producto interno bruto. Estos datos nos indican que es muchísima la gente que trabaja, pero obtiene bajos ingresos. Este tipo de actividad representa una pérdida en la recaudación de impuestos equivalente al 20 % del PIB nacional. Tenemos que erradicar la informalidad de una manera rápida y efectiva, con la finalidad de que entre al mercado formal y pague impuestos.

2.- Otro punto se refiere a las características normativas de la regulación fiscal en México. El proceso en México sigue siendo verdaderamente complejo y las normas son muy confusas, de difícil y costosa aplicación, tanto para personas físicas como para personas morales. Por lo mismo, se generan grandes vacíos y, es tal la discrecionalidad en muchos casos, que esto conlleva a una mayor elusión y evasión. Mientras más compleja es la declaración fiscal, esta tiende a disminuir.

3.- El punto más importante se refiere a un esquema impositivo de gran envergadura que permita cobrar IVA a alimentos y medicinas. Según lo menciona el diario ***El Economista***, gravar los alimentos y medicinas con el IVA, ayudará a mejorar los niveles de recaudación en México. Según el Fondo Monetario Internacional se podría obtener hasta 1% del PIB; sin embargo, tiene que ir acompañado de medidas compensatorias para aminorar el efecto que podría tener sobre la población más vulnerable.

Yo propongo un IVA del 16 % en alimentos y medicinas el cual tendría un gran impacto recaudatorio. El concepto es muy atractivo; sin embargo, no sabemos las repercusiones políticas que este conlleva.

El Gobierno deja de percibir aproximadamente 600,000 millones de pesos por el IVA en alimentos y medicinas. El no aplicar dicha medida paradójicamente beneficia a la gente de mayores ingresos. Son ellos los que más compran, por lo que son los primeros beneficiados. Los mexicanos de menores ingresos reciben una menor proporción de la transferencia del gasto final con la tasa cero. Esto se debe a que los hogares con mayores ingresos concentran la mayor parte del mercado de alimentos y medicinas.

Tenemos la necesidad de recaudar más para cubrir el financiamiento de proyectos de infraestructura, seguridad, educación, salud y vivienda. Así mismo, ya no hay margen para aumentar las tasas del Impuesto Sobre la Renta a los contribuyentes cautivos como son las empresas y personas físicas que ya no pueden soportar la carga impositiva de todo un país. De la misma forma se debe establecer que los excedentes que se obtengan de este IVA vayan destinados a rubros específicos.

4.- La autonomía del Banco de México cuyo fin es mantener la estabilidad monetaria del país, controlar la inflación, la estabilidad financiera y ser un regulador de las reservas internacionales, juega un papel fundamental en este rol.

5.- La deuda pública del país es otro tema importantísimo. En este rubro, propongo que parte del dinero que se recaude del IVA en alimentos y medicinas vaya destinado al pago de la deuda. Solamente en la primera mitad de 2020 la deuda externa de México aumentó 1.51 billones de pesos, lo cual representa un 55 % del Producto Interno Bruto anual. Si bien es un nivel todavía aceptable, el pago de los intereses es muy alto. Los estragos del decrecimiento en la economía mexicana en 2020 ha provocado que nuestra deuda externa sea mayor en relación al PIB nacional. Es imperativo disminuir gradualmente el monto de la deuda y pensar que se puede liquidar totalmente. Si el Gobierno tiene los recursos necesarios para ir pagándola, ¿por qué no hacerlo?

La deuda del país a finales de noviembre de 2020 rondaba los 12 billones de pesos y sus intereses ascendieron a 500,000 millones, aproximadamente. Es una cantidad que bien podría ser utilizada para otros aspectos. Tenemos la obligación de tener unas finanzas sanas, como uno las quiere en su propia casa. Si se cumplen las premisas que propongo a través de los diferentes mecanismos recaudatorios, no se descartaría un crecimiento del 7 % que nos permitiría el pago de la deuda interna y externa. Con voluntad y cumpliendo los ***ejes de solución*** todo es posible. De no ser así, por supuesto que los resultados irán siendo menos alentadores y solo lograríamos pequeños beneficios como los que actualmente tenemos.

Recordemos que estamos hablando de una economía robusta sin el apoyo de PEMEX ni la CFE, con una mayor recaudación, con un IVA generalizado en alimentos y medicinas y, sobre todo, con la corrupción y la impunidad fuertemente disminuidas.

No seamos ese mexicano mediocre y conformista que es feliz con lo poco que tiene. Tampoco el mexicano sumiso que no cuestiona el porqué de las cosas o aquel que no sale a votar. Estamos cansados de ver siempre los mismos resultados. Nuestra esperanza se ve sumida en la resignación de comprobar que no pasa nada. Hagamos que el ***amor por México*** nos ayude a ver las cosas de una manera diferente. Si Singapur pudo tener un cambio en 30 o 40 años, ¿por qué no pensar que nosotros podamos lograrlo?

6.- La participación de los estados y municipios debe ser más incluyente, de tal forma que puedan recaudar ciertos impuestos para sí mismos. Así también, los estados que más ingresos generen a la Federación tendrían derecho a una mayor cantidad de recursos en los montos asignados por el Gobierno Federal. Es completamente injusto que un estado o un municipio genere muchos recursos y no se le devuelvan parte de ellos. Debe de premiarse con una compensación para que aquel que sea más productivo tenga derecho a una retribución adicional. En las empresas así funciona. Ateniéndome a la lógica, creo que lo justo es beneficiar a aquel que se lo merece. Los apoyos deben de ser proporcionales al monto que cada estado y cada municipio generan. Los gobiernos locales también deben de tener derecho al cobro de ciertos impuestos que actualmente realiza la Federación.

7.- Los programas de apoyo que lleva a cabo la Secretaría del Trabajo y Previsión Social tienen gran repercusión en el tema económico. Si bien algunos están muy bien orientados, el programa Jóvenes Construyendo el Futuro debe desaparecer. Considero que es un programa 100 % electorero, que no tiene un fin muy claro y que con el tiempo se ha demostrado que no sirve para mucho. Tiene un costo altísimo y no fomenta realmente nuevos empleos. Esos recursos se pueden emplear en la creación de nuevas empresas que tengan programas innovadores y potencialmente atractivos para esas nuevas generaciones.

8.- Fomentar la inversión nacional y extranjera es una tarea urgente. En los últimos años, por distintas razones hemos desperdiciado grandes oportunidades de inversión. Sin ellas no podemos pensar en un México próspero. Una inversión genera empleos, impuestos y bienestar. En los dos últimos años en particular, el Gobierno canceló una gran cantidad de proyectos como el Aeropuerto Internacional de Texcoco, la cervecera ***Constellation Brands*** y todos los proyectos de generación de energía. Esos mensajes han sido suficientes para desincentivar el interés por México. Si no generamos certidumbre y mandamos claros mensajes de que somos una buena opción para invertir, los grandes capitales buscarán otros mercados. Tenemos una situación geográfica envidiable pues somos vecinos de Estados Unidos. Estamos en el centro del continente americano, por lo que potencialmente somos muy atractivos para la inversión.

- Aeropuerto Internacional de Texcoco

Si bien ya se está construyendo el Aeropuerto de Santa Lucía, se debe retomar el proyecto original de Texcoco. No hay forma que el aeropuerto de Santa Lucía tenga el éxito que se pretende porque no cuenta con las autorizaciones por parte de los organismos internacionales en materia aeronáutica. Su lejanía es otro impedimento y no tendrá la capacidad requerida. Santa Lucía debe ser utilizado para el Ejército y para ciertas eventualidades. El NAIM de Texcoco forzosamente se tiene que hacer ya que cubre una serie de necesidades de total relevancia. Su capacidad, su ubicación y su infraestructura son fundamentales. El no construirlo será un gravísimo error que impedirá el desarrollo del país.

- Petróleo

La venta de petróleo, gas y todos sus derivados estará a cargo de la iniciativa privada nacional o extranjera. El Gobierno solo garantizará que se respeten los contratos y será partícipe de las ganancias que se obtengan. El riesgo en la inversión, perforación y extracción será única y exclusivamente de las empresas. Hablamos de una participación muy atractiva, con muchas utilidades y bajo riesgo. Así evitamos la corrupción y se incentiva la competencia. Al haber tantos interesados se generan nuevos empleos, mayor pago de impuestos y una fuerte inversión. PEMEX es una empresa con pérdidas enormes y su funcionamiento nos cuesta a todos los mexicanos. Esta será la nueva forma de administrar el petróleo en beneficio de todos nosotros.

-Electricidad

La generación de energía será el mayor negocio para México en los próximos años. El mundo necesita energías limpias y renovables y el petróleo, poco a poco será menos requerido. Existen países que ya generan más del 50 % de su energía a través de sistemas limpios, como la energía eólica, la solar, la hidroeléctrica, la biomasa, la biogás, la mareomotriz y la geotérmica, básicamente. Nosotros seguimos generando energía mediante el combustóleo y el carbón, cuando el mundo ya no las utiliza. Son energías contaminantes y más caras. La CFE es la encargada de administrar la energía que se produce en México. Hemos propuesto su venta porque, a semejanza de PEMEX, se busca que la iniciativa privada sea la encargada de compartir las utilidades y asumir los riesgos.

Nuestra ubicación geográfica nos permite desarrollar este tipo de industrias. Existen lugares con muchísimo viento para desarrollos eólicos, como los estados de Oaxaca y Baja California. Hay lugares donde está garantizada la luz solar casi todo el año. Falta desarrollar más presas para la optimización del agua y la generación de electricidad. En fin, el potencial es enorme.

SECRETARÍA DE AGRICULTURA

La Secretaría de Agricultura es la encargada de diseñar, planear, ejecutar y coordinar las políticas públicas en materia agropecuaria para el desarrollo económico y social de las zonas rurales y comunidades pesqueras. Así mismo, debe crear y fomentar programas que garanticen la rentabilidad y sustentabilidad de estas actividades, establecer precios de los alimentos e impulsar la investigación científica para el mejoramiento de la producción y garantizar el acceso de los productores a tecnologías y métodos para modernizar su sector.

El campo en México ha sido olvidado en los últimos años. Se debe buscar un sistema donde exista un apoyo a los pequeños productores, de tal forma que tengan acceso a 5 aspectos fundamentales:

1. Créditos accesibles y baratos
2. Esquemas de unión entre ellos para tener mayor poder de producción
3. Insumos básicos baratos
4. Acceso a tecnologías modernas y eficientes
5. Garantía de precios

Se requieren alianzas entre productores y acceso a tecnologías que les permitan ser más productivos a menores costos. Se debe buscar una economía con mayores niveles de producción. México tiene el potencial para hacerlo; sin embargo, se siguen utilizando métodos muy antiguos. Las nuevas tecnologías nos dan acceso a maquinarias modernas, a sistemas de riego y cultivo innovadores y a esquemas financieros muy interesantes. Debemos buscar la forma de que esta rama sea más productiva y genere más empleos. Importamos demasiados productos porque no los producimos. Es responsabilidad de los gobiernos buscar mejores esquemas para lograr que el país sea autosuficiente.

SECRETARÍA DE EDUCACIÓN PÚBLICA

La Secretaría de Educación Pública tiene como función diseñar, ejecutar y coordinar las políticas públicas en materia de educación. Lo anterior incluye elaborar los programas, planes y proyectos educativos que habrán de aplicarse en las escuelas públicas y privadas de todos los niveles formativos.

La educación es fundamental para el desarrollo de cualquier país. México es un caso fallido, por lo que requiere un cambio profundo. Tenemos leyes obsoletas que provocan un magisterio mediocre. Se regalan plazas a cambio de dádivas electoreras y clientelares. Somos víctimas del chantaje por parte de líderes sindicales quienes con gran soberbia, manipulan a las autoridades. Son personajes que hacen de la educación lo que quieren y tienen una gran participación en la política.

Los líderes de este gremio han destruido la esperanza de una educación digna y eficiente. Ellos mueven gente, recursos, y sobre todo, votos.

El sistema educativo en México ha sido diseñado desde hace más de 70 años. Es como un gigantesco elefante que funciona de manera centralista e ineficiente. Hoy en día es un sistema disfuncional, lento y enfermo.

Uno de los conflictos principales del sistema educativo se relaciona con la operatividad burocrática y la toma de decisiones en el ámbito de la gestión administrativa. Existe una grave centralización del Gobierno Federal en los procesos de selección de docentes y directivos escolares, debido a la venta y herencia de plazas, así como problemas en el diseño y distribución de los libros de texto y la impuntualidad en el pago de la nómina.

La educación es el punto de partida para un México moderno. Desgraciadamente son procesos largos, pues la enseñanza requiere de tiempo y estabilidad para que tenga éxito. Un programa educativo eficiente requiere de por lo menos 10 o 15 años de funcionamiento para que empiece a rendir sus frutos. Se puede medir el crecimiento de la economía, el turismo o el número de homicidios; sin embargo, la educación es algo muy subjetivo.

Los gobiernos buscan resultados a corto plazo porque el sistema está diseñado de esa forma. Ninguno está dispuesto a invertir un fuerte capital si no reditúa en el corto plazo y, es por esa razón, que desprecian la importancia de la educación.

Para tal objetivo se necesita un gran presupuesto, pues es esta secretaría una de las que más recursos requiere. Si se limita el presupuesto en este rubro, poco es lo que se puede lograr, por lo que es de primordial importancia que se establezca un presupuesto robusto para este ramo. Se requiere inversión en infraestructura, para que todas las escuelas y universidades públicas cuenten con instalaciones de buen nivel y que incluyan equipos de cómputo para poder trabajar con las nuevas tecnologías.

Se debe de poner un alto a los sindicatos, de tal forma que permitan elaborar los cambios necesarios en beneficio de la población y no de ellos. Esto implica evitar cierres de carreteras, vías de tren, ciudades, avenidas, etcétera, que tanto afectan a terceros.

Hay que regresar al sistema de elección de profesores mediante exámenes de conocimientos y no a través de la compra o asignación directa de las plazas. No hay otra forma de que la educación funcione si los profesores no son los más preparados.

Los programas educativos también deben actualizarse. El aprendizaje del inglés debe ser obligatorio. Hablamos de un sistema integral donde el alumno y el profesor trabajen de la mano con sistemas modernos y eficientes.

Hay que hacer hincapié en materias como civismo, lógica, ética, psicología y salud. Es sorprendente ver universitarios con nulos conocimientos en etimologías porque esta asignatura ha desaparecido de los programas de estudio, dando como resultado alumnos poco preparados.

La educación incluye la enseñanza de buenos principios: la honestidad, el respeto al prójimo, el cuidado del medio ambiente e incluso el autocuidado. Una educación de calidad incluye hacer deporte, amar la cultura, la música o la literatura. Hay que ser creativos y conseguir que el estudiante se interese por la ciencia, la tecnología, la biología y la geografía. Se necesita que el alumno salga a la calle, que conozca otros estados, otras culturas, otras costumbres, porque en la medida en que se conozcan otros mundos, su interés por el cambio será mucho mayor.

Una persona con estos conocimientos está destinada al éxito porque está motivada para buscar nuevos objetivos y se aparta de vicios como las drogas o el alcohol. Cuando un joven conoce las maravillas que hay a su alrededor, sus metas no tienen fin. Sin miedo a los tropiezos que haya en el camino, permitamos el desarrollo sustentable y paulatino que la nación nos está demandando.

SECRETARÍA DE SALUD

La Secretaría de Salud es la encargada de diseñar, ejecutar y coordinar las políticas públicas en materia de servicios sanitarios. Elabora los programas, planes y proyectos de asistencia social, servicios médicos y salubridad general a través del Sistema Nacional de Salud. También tiene bajo su responsabilidad, administrar, operar y sostener las instalaciones médicas de nivel federal que incluyen al IMSS y al ISSSTE.

El año 2020 fue verdaderamente complicado debido a la pandemia. El COVID provocó un problema adicional a un ya de por sí sistema deficiente de salud que se venía arrastrando desde gobiernos anteriores. Las instituciones médicas están llenas de corrupción y malos manejos, lo que ha provocado una pésima atención en hospitales. La gente se queja de equipos deficientes y de malos servicios. Hay pacientes que acuden a sus clínicas y son atendidos después de varias horas. Hay casos de emergencia y, ni aún así, son considerados para su pronta atención. Este tipo de cosas suceden a diario en las distintas instituciones de salud.

Escuchamos casos alarmantes de escasez de medicinas para los niños enfermos de cáncer. No podemos tolerar que esas carencias existan en México ya que se cuenta con una basta infraestructura y experiencia. El Gobierno ha puesto a la austeridad como su prioridad; sin embargo, lo importante es dar un buen servicio a los pacientes. Si eso significa, en algunos casos, comprar medicamentos más caros, es obligación de las autoridades hacerlo, pues antes que cualquier otra cosa está la salud. Muchas de estas autoridades suelen acudir a clínicas privadas en vez de públicas. Ellas tienen el derecho de atenderse donde quieran, pero también tienen la obligación de ofrecer un servicio de salud pública de calidad.

Los programas de salud son muy caros. Sabemos que los equipos, las instalaciones, las medicinas y la mano calificada tienen altos costos; sin embargo, debe haber el compromiso de buscar la eficiencia. Una prioridad es tener hospitales dignos. Esto abarca equipos médicos de calidad y que funcionen correctamente. Se necesitan hospitales más grandes, que tengan más quirófanos, más habitaciones y más personal. No podemos tolerar que haya gente durmiendo en los pasillos.

Se debe fomentar la creación de nuevas empresas, que elaboren medicamentos para evitar monopolios existentes. Es importante apoyar a las empresas mexicanas para este fin. El mercado nacional tiene la capacidad para poder fabricar medicinas de muy buena calidad y a tiempo. Busquemos un esquema de mayor competencia para conseguir mejores precios y así beneficiar al consumidor final. De esta manera no sería necesario acudir al extranjero. Habría más empresas, mejores precios y un mejor servicio. Los niños con cáncer, los adultos mayores y en general toda la población, está sufriendo por falta de medicamentos. Ya llevamos tiempo con reclamos y manifestaciones por falta de vacunas y otros insumos.

Otro factor fundamental es contar con médicos bien pagados. Tenemos muy buenos doctores, bien preparados, que reciben sueldos verdaderamente bajos. La carrera de medicina requiere de muchos años de estudio y no es justo que ganen sueldos miserables.

Zoé Robledo, director general del IMSS, comentó que un médico especialista gana en promedio 34,755 pesos. Sin embargo, datos presentados por el ***Indeed*** informan que el sueldo promedio de un médico general es de apenas 10,799 pesos al mes. En contraste, en un informe presentado en España por ***Medscape***, un médico general gana 4,417 euros al mes, lo que equivale a 115,000 pesos aproximadamente. En comparación con otros países, mientras un especialista en México gana 417,000 pesos al año aproximadamente, en Estados Unidos gana 7,066,000, y en Reino Unido 3,445,000. Estamos hablando de 13 o 14 veces más de lo que ganan en México. Estos datos nos dan una idea de la diferencia salarial.

Otro aspecto bien importante es el combate a la obesidad y a la diabetes. Según la Encuesta Nacional de Salud y Nutrición, en México se gastan anualmente alrededor de 3,872 millones de dólares para combatir la diabetes. Representa el 34 % del gasto en salud, generando un costo por persona de 707 dólares al año. En México el número de personas con diabetes fluctúa entre los 8 y 10 millones. Se estima que alrededor de 12 millones la padecen sin saberlo pues no han sido diagnosticadas. Al ver estas cifras nos damos cuenta del costo y de la importancia que representa esta enfermedad. Siendo así, yo propongo clínicas especializadas únicamente para prevenir y atender la diabetes de una forma integral.

SECRETARÍA DE TURISMO

La Secretaría de Turismo tiene entre sus facultades realizar los planes, programas y proyectos vinculados al desarrollo de zonas turísticas, haciendo énfasis en el potencial económico que representan. Debe coordinarse con las Secretarías de Cultura y Medio Ambiente formulando estrategias para que las áreas y eventos bajo su administración adquieran un enfoque turístico, llevar el registro de prestadores de servicios turísticos y sus respectivas tarifas, fomentar la creación de organizaciones privadas promotoras del turismo y coordinarse con la SRE para la promoción del país como destino turístico en el extranjero.

Es difícil medir el turismo en este momento dado la situación del COVID; sin embargo, al principio de la contingencia, esta actividad representaba el 10.7 % del producto interno bruto. Los rubros más importantes lo abarcan los alojamientos con un 28 %, el transporte de pasajeros con un 19 %, los restaurantes y centros nocturnos con un 15 % y otros con menores porcentajes.

En los últimos años el turismo ha ido creciendo a un ritmo muy importante. A excepción del período que comprende la pandemia del COVID 19, la entrada de personas a nuestro país tuvo un aumento considerable. El turista nacional se ha interesado principalmente por las playas, pero también ha crecido el gusto por pueblos y ciudades coloniales.

Los seres humanos han cambiado su estilo de vida y cada vez más prefieren viajar. Las generaciones de mayor edad tenían como prioridades la adquisición de una vivienda o una estabilidad financiera. Las nuevas generaciones menores de 40 años piensan diferente. Para ellas es más importante viajar que comprar una vivienda. Prefieren rentar una casa que comprarla. Son personas que constantemente cambian de trabajo y de ciudad. Prefieren utilizar su dinero en otras cosas y una de ellas es viajar.

Como la gente cada vez se desplaza más y permanece menos tiempo en un lugar determinado, los gobiernos deben aprovechar esa oportunidad para atraer a más turistas. El turismo laboral requiere cierto tipo de hoteles, de infraestructura y de aeropuertos. Otros buscan centros nocturnos, restaurantes y lugares de interés. En los últimos años también ha crecido el turismo médico. Lo importante es identificar correctamente el tipo de turista que arriba a México para poder satisfacer sus necesidades.

El turismo nacional es también muy importante. Si se atienden sus necesidades se quedará en México, de lo contrario, buscará destinos internacionales. Tener una visión clara y amplia en todos los sentidos permitirá desarrollar un turismo sustentable e integral.

México ocupa el 8º lugar como país más visitado en el mundo. En 2018 llegaron aproximadamente 42 millones de turistas internacionales, lo que significó en su momento un incremento de 5.8 % con relación al 2017. Así mismo, durante ese mismo año, se calcula que 124 millones de turistas, nacionales y extranjeros, se hospedaron en hoteles, de los cuales 78.8 % fueron nacionales y 21.2 % fueron internacionales, lo que representó un aumento de 2.2 % con relación a 2017.

Esta actividad genera 4.1 millones de empleos directos y 6.5 millones de indirectos. Este crecimiento llevará a la construcción de 23,000 nuevos cuartos de hotel y cada cuarto que se construya generará 1.5 nuevos empleos directos y 3.5 indirectos. Con esta información, el gobierno federal de la mano con los gobiernos estatales, deberán tener la imaginación suficiente para atraer a más turistas.

El turismo extranjero es muy importante. Debemos ofrecerle mejores aeropuertos, como sería el de Texcoco, diseñado para mover a más de 100 millones de pasajeros al año y con la capacidad para interconectar con países de todo el mundo. ¡Céntrico, funcional, moderno, autosustentable y, además, precioso! Podríamos ser el ***hub*** de todo el continente.

Hay ciudades que no son atractivas para los turistas y por lo tanto sus aeropuertos no tienen mucha demanda. Se debe hacer algo para que estas crezcan. Aeropuertos como el del Bajío se han modernizado; ciudades como San Miguel de Allende han llamado la atención de extranjeros que compran viviendas y se quedan a vivir ahí. Son ejemplos de éxito que se deben copiar. Hay ciudades que podrían crecer más. Estados como Tlaxcala, Colima, Tabasco, San Luis Potosí, Zacatecas, Morelos y Campeche son de los que menos turistas atraen.

El turismo es considerado una fuente libre de contaminantes que atrae inversiones nacionales y extranjeras y sobre todo genera muchos empleos. Yo propongo que cada estado logre detonar su mayor potencial. Ciudades como Monterrey son centros importantes de turismo de negocios, pero no de vacaciones. ¡Es raro ir de vacaciones a Nuevo León! Busquemos complementarlo con ofertas culturales, culinarias, turísticas, y deportivas. Hay ciudades muy de moda como San Miguel de Allende, Querétaro, Los Cabos, la Riviera Maya que no tienen buenos hospitales ni tampoco buenas escuelas. Esos extranjeros demandan universidades y clínicas que no hay.

Por último, hay desarrollos turísticos que no han crecido todavía y que deberían de hacer algo. Lugares como La Paz, Loreto, Costa Alegre (Jalisco) y Nayarit son buenos ejemplos. Si Las Vegas se desarrolló en medio del desierto, las opciones mexicanas deben rediseñar un plan concreto para poder crecer. A los turistas les gusta el sol y la playa, pero México es mucho más que eso. Cada lugar debe explotar sus potenciales. París, siendo una gran ciudad, constantemente se está innovando. Construye nuevos museos, abre restaurantes, organiza exposiciones, tiene torneos deportivos, de tal forma que siempre hay algo nuevo que conocer.

La Ciudad de México es un buen ejemplo. Nos sorprende con innovaciones constantemente. Tenemos el ***Parque la Mexicana*** como punto de ocio y diversión. Está el Gran Premio de Fórmula 1 en los últimos años. La oferta gastronómica es cada vez más variada e interesante. Se han rescatado colonias olvidadas como la Roma, la Condesa, la Escandón y Santa María la Ribera. Se han traído exposiciones extranjeras de gran interés. Por otro lado, hay muchas cosas todavía por hacer. Necesitamos el aeropuerto de Texcoco, quitar el ambulantaje del centro de la ciudad, mejorar el transporte público, así como disminuir la contaminación en la ciudad. Un buen desarrollo requiere de la voluntad de los gobiernos y municipios para que, en su conjunto, se logre el máximo beneficio posible. Ojalá valoremos la importancia que tiene el turismo para el desarrollo del país, pues es un gran generador de empleo y de riqueza.

3) PODER LEGISLATIVO

El Congreso de la Unión es el órgano depositario del Poder Legislativo. Este se conforma por una asamblea bicameral, dividida entre la Cámara de Senadores, constituida por 128 integrantes, y la Cámara de Diputados, que consta de 500 legisladores. Ellos tienen las obligaciones, facultades, requisitos y restricciones del aparato legislativo; principalmente la facultad exclusiva entre los poderes de la unión para estudiar, discutir, votar y emitir las iniciativas de leyes, reglamentos, códigos, normas y las reformas a todo aquello que se les presente durante sus períodos de sesiones.

El Poder Legislativo necesita recobrar su vitalidad, así como sus facultades de verdadero órgano fiscalizador del Poder Ejecutivo. Recordemos que los diputados y senadores han sido elegidos por la población para garantizar los intereses de ella y de nadie más. Es común que no se atiendan sus necesidades, sino que más bien obedezcan a los intereses de sus mismos partidos.

En el tema de la reelección hay muchas discusiones. Desde mi punto de vista, los congresistas no deben ser reelegidos. La experiencia con las reelecciones conlleva riesgos muy altos que, por diversas razones, no conviene tener. Propongo que diputados y senadores tengan como obligación, una preparación legislativa para evitar gente inexperta. Necesitamos que sean personas preparadas y con conocimientos en la materia. De no cumplir con los requisitos no deberían considerarse aptos para tales nombramientos.

Muchas propuestas están a favor de la reelección siempre y cuando se trate de gente preparada y con experiencia. La reelección sirve para deshacerse de los malos legisladores y premiar a los buenos. El problema es que normalmente no conocemos a nuestros diputados y senadores, por lo que se suele votar por el partido, sin importar el buen o mal desempeño que hayan tenido. Un congresista debe ser una persona muy preparada. Su período legislativo es corto, pero de mucha trascendencia. Sus responsabilidades son tan importantes que se debe elegir al mejor candidato.

En el Poder Ejecutivo tampoco debe existir la reelección. Los ejemplos en el mundo han sido desastrosos, por lo que el lema de ***Sufragio efectivo, no reelección*** debe mantenerse en la Constitución. Los artículos 55 y 58 establecen los requisitos para ser diputado y senador.

- Ser ciudadano mexicano
- Tener 21 años para ser diputado y 30 para senador
- Ser originario del estado donde se haga la elección
- No militar en las Fuerzas Armadas
- No estar en la administración pública
- No ser ministro de algún culto religioso

Dichos requisitos aplican desde mucho tiempo atrás, cuando México era diferente, pero hoy en día los legisladores deberían contar con estudios mínimos a nivel licenciatura.

Muchos países exigen un nivel de preparación para que, el día que lleguen a legislar, tengan una mayor experiencia y, por lo tanto, se tomen mejores decisiones.

4) IMPARTICIÓN DE JUSTICIA

La impartición de Justicia es fundamental en todo Estado de Derecho, a grado tal, que justifica su existencia, además de ser el más poderoso de los recursos con que cuenta el ente público para cumplir su función primordial: garantizar la paz y la seguridad a la ciudadanía.

Las instituciones que promueven la Justicia en México son:

- La Suprema Corte de Justicia de la Nación
- Los poderes judiciales de los 32 estados
- El Tribunal Electoral del Poder Judicial de la Federación
- Los tribunales o salas electorales de las entidades federativas
- El Tribunal Federal de Justicia Fiscal y Administrativa

El sistema judicial está integrado por un conjunto de tribunales y órganos, tanto federales como locales, responsables de impartir justicia en las 32 entidades federativas, así como aquellas instituciones que los auxilian en esta labor, tales como los ministerios públicos, los defensores de oficio y los mismos abogados.

Este conjunto de instituciones resuelven las controversias que surgen entre los particulares o entre estos y el Estado. La actividad judicial es primordial porque genera valores agregados de enorme importancia para la vida de cualquier país y para asegurar que los derechos se respeten, que se cumplan las obligaciones y que los actores sociales puedan tomar decisiones con una experiencia razonable.

México, así como todos los países del mundo, tiene diferentes sistemas de procuración de justicia. Conceptos e interpretaciones completamente diferentes buscan, igualmente, impartir la justicia de una manera donde se preserven los derechos de las personas o empresas y se castigue al que ha cometido algún delito.

No existe una ley perfecta. Las leyes han sido hechas por la gente; están fundamentadas en los mejores principios de Justicia, pero al mismo tiempo su interpretación es subjetiva. Las leyes no siempre son claras. El Derecho, por decirlo de alguna manera, contiene una parte abstracta difícil de interpretar, lo cual genera confusiones y da lugar a la discrecionalidad. Los jueces tienen un papel fundamental. Si las leyes están sujetas a la subjetividad, entonces es más importante el papel del árbitro. Son ellos los que interpretan las leyes y por lo mismo los que a veces se equivocan, ya sea por falta de argumentos y pruebas o por falta de experiencia, conocimiento y honestidad.

Existen casos de sentencias dudosas y tendenciosas. No sabemos si se trata de jueces corruptos, incompetentes o de jueces amenazados. Un juez que juzga a un narcotraficante sabe del riesgo que esto conlleva. Para este tipo de casos sería interesante que hubiese jueces anónimos. Se necesita un sistema bien estructurado que contemple, en primer lugar, un sistema de excelencia, para tener a la gente más preparada y capacitada.

Deben cumplir con los requisitos mínimos y además contar con una mayor preparación. Es importante separar cada uno de los 3 poderes, para que las decisiones que se tomen tengan una total autonomía, donde no valgan ni los chantajes ni las amenazas. Los sueldos son muy bajos y el número de personas para atender la gran demanda es insuficiente.

CONCLUSIONES

La historia de México es increíblemente diversa. Es el fruto de una civilización marcada por la Conquista, principalmente. No podemos imaginar un México sin pensar en las culturas que lo preceden. Sus costumbres, su forma de vivir, su alimentación y su idiosincrasia son características que lo diferencian del resto del mundo. Es un país producto del mestizaje entre indígenas, negros y españoles.

Por un lado vemos al mexicano dicharachero, pachanguero, irreverente, simpático y, por otro, al mexicano responsable, serio y trabajador. Viven y trabajan juntos, pero son completamente diferentes. La falta de identidad del mexicano no permite que se desarrolle plenamente y por eso vive en la mediocridad.

La vida me ha permitido ver el potencial y las carencias de este país. Como hijo de inmigrantes españoles, México me brindó un porvenir porque es un gran país, pero también porque nuestros padres trabajaron para lograrlo. Ellos encontraron un México de oportunidades y lo dieron todo para sacarle provecho. No fue producto de la casualidad ni de la suerte, sino de honestidad y de un fuerte amor por México. Cuando las cosas se hacen bien, todo se puede conseguir. Con la edad, he aprendido cómo funcionan las cosas en este país. Experiencias acumuladas desde la infancia me siguen sorprendiendo hoy en día.

La corrupción es algo que se vive todos los días y me entristece muchísimo tener que decirlo pues nos provoca un daño enorme. No hay forma de que crezcamos si no erradicamos la corrupción y la impunidad. El cáncer de México es fruto de ese pensamiento pobre que tiene el mexicano. Nacido en una familia honesta, honrada y trabajadora, me cuesta mucho entenderlo. He tenido la suerte de vivir en una familia con fuertes valores, que me permiten ver las cosas desde un punto de vista diferente. México, desde el seno de cada familia, necesita cambiar su forma de pensar. No se logrará el éxito si seguimos haciendo las cosas igual que siempre. Las metas se consiguen por como uno las concibe y para eso se necesita honestidad, compromiso y mucho esfuerzo. No hay caminos cortos, pero sí metas inmediatas para ir comenzando. En la medida en que cada mexicano cambie, lograremos avanzar como nación.

En la primera parte expliqué las ***causas que no permiten que México avance***. Hice la comparación con un enfermo al borde de la muerte. Es un paciente que necesita atención y sobrevive de milagro. Es un enfermo con mal porvenir y que poco hace por curarse. Nuestro país tiene que empezar por entender que el camino que lleva no es el indicado y que necesita un cambio profundo para salir adelante. De eso dependerá su salvación.

En la segunda parte identifiqué a un paciente con cáncer. Es complicado pues tiene tres características: es corrupto, vive en la impunidad y no se quiere. Tres enfermedades que he llamado el ***cáncer de México***. Vivimos en el país donde "nada pasa", pues la Ley no es respetada. No existe un Estado de Derecho en el que las leyes protejan y castiguen. México nos necesita a todos y cada uno de nosotros. Nos necesita de una manera honesta, para que todo lo que hagamos, lo hagamos correctamente y sin trampas.

En la tercera y última parte me dediqué a dar los ***ejes de solución***. Es el enfermo que, una vez detectada la enfermedad, acude a su tratamiento para curarse. El país requiere de muchísimas acciones para sanar. Yo te aseguro que en 15 años podríamos estar compitiendo con cualquier país del mundo. Propongo un crecimiento entre un 7 y un 10 % del PIB anual, siempre y cuando se cumplan esos ***ejes de solución***. Algunos son fáciles de cumplir y otros no tanto, pero ninguno es imposible. Yo apuesto por un México próspero, con infinidad de empresas de todo el mundo que generen la riqueza necesaria para que el Gobierno deje de mantener a los pobres y les dé las oportunidades necesarias para acceder a un trabajo digno y bien remunerado. Acabemos con los trabajos informales y démosles la oportunidad de trabajar con las condiciones que se merecen. Busquemos generar energías limpias para heredarles a nuestros hijos un mundo mejor, con agua, bosques y playas hermosas.

Intenté desglosar, de una manera sencilla, las funciones más importantes de las secretarías. Encontré, en las más representativas, los mayores defectos y, al mismo tiempo, las mayores oportunidades. Necesitamos un país donde los ingresos sean mayores que los egresos y que estos sirvan para cubrir las necesidades de los mexicanos. Estoy convencido de que podemos pagar la deuda, desaparecer la informalidad y, ahora sí, ofrecer un sistema de salud a la altura de Dinamarca. Quiero un México de paz, donde no haya corrupción. Pensemos en un campo productivo que fomente la inversión y el desarrollo. Que el turismo sea uno de los motores de la economía y la marca México sea conocida a nivel mundial.

Busquemos gobiernos trabajadores y no gobiernos electoreros. Que nuestra clase política se olvide de populismos y haga bien su trabajo. La gente ha perdido la ilusión de un cambio porque siempre ha vivido de falsas promesas. En la desgracia hay que ver las oportunidades que tenemos por delante. Hay que actuar ahora; el país demanda vivienda, salud, investigación, desarrollo y seguridad. Si no aprovechamos este momento, alguien más lo hará y, cuando queramos corregir, será demasiado tarde. A nivel personal, a nivel sociedad y a nivel gubernamental debemos realizar las acciones pertinentes inmediatamente. México es un país con un gran número de pobres y muchísimas desigualdades. Intentemos que la brecha se reduzca y generemos las condiciones necesarias para que esto ocurra. Somos la semilla de lo que algún día les dejaremos a nuestros hijos, con la esperanza de que, lo que hagamos a partir de hoy, nos llenará de orgullo el día de mañana.

Y termino este libro con una frase de aquel gran empresario regiomontano, Lorenzo Zambrano, que dice: "Hay que quitarse la actitud de que los mexicanos no podemos ser los mejores del mundo".

¡Gracias México!

SOBRE EL AUTOR

Pablo Tellería Peñalba nacido en la Ciudad de México en 1969 es licenciado en la Carrera de Contaduría Pública por la Universidad Iberoamericana de la Ciudad de México, desarrollándose como empresario por más de 25 años en el área de la Construcción y del Comercio de Materiales Eléctricos. La lectura, y sobre todo la política y la economía son sus grandes pasiones. Seguidor de grandes políticos, admirador de muchos empresarios y una persona interesada en la economía han despertado en él la idea de escribir este libro de política económica. Si bien es su primer libro que escribe, es un asiduo lector de obras relacionadas con la historia de la Roma Antigua que le abrieron un concepto muy profundo de los principios básicos de la Democracia, así como las formas de gobernar un imperio o un país.

"México, el País que Quiere pero no Puede" es una receta de lo que hemos hecho mal y de lo que debemos hacer si queremos que México algún día sea un país de primer nivel. Las medidas no son fáciles ni sencillas, pero tampoco imposibles e inalcanzables por lo que la lectura de este libro te puede abrir la mente para poder alcanzar los objetivos fundamentales que el país necesita.

Made in the USA
Monee, IL
04 November 2026

67380115R00115